A MÃE DE TODAS AS PERGUNTAS

REBECCA SOLNIT

A mãe de todas as perguntas

Reflexões sobre os novos feminismos

Tradução
Denise Bottmann

3ª reimpressão

COMPANHIA DAS LETRAS

Copyright © 2017 by Rebecca Solnit

Grafia atualizada segundo o Acordo Ortográfico da Língua Portuguesa de 1990, que entrou em vigor no Brasil em 2009.

Título original
The Mother of All Questions

Capa
Tereza Bettinardi

Preparação
Ana Lima Cecilio

Revisão
Huendel Viana
Adriana Moreira Pedro

Dados Internacionais de Catalogação na Publicação (CIP)
(Câmara Brasileira do Livro, SP, Brasil)

Solnit, Rebecca
A mãe de todas as perguntas : reflexões sobre os novos feminismos
/ Rebecca Solnit ; tradução Denise Bottmann. — 1ª ed. — São Paulo :
Companhia das Letras, 2017.

Título original: The Mother of All Questions.
ISBN: 978-85-359-2961-4

1. Ensaios 2. Feminismo 3. Violência contra mulher I. Título.

17-06601	CDD-305.42

Índice para catálogo sistemático:
1. Feminismo : Sociologia 305.42

Todos os direitos desta edição reservados à
EDITORA SCHWARCZ S.A.
Rua Bandeira Paulista, 702, cj. 32
04532-002 — São Paulo — SP
Telefone: (11) 3707-3500
www.companhiadasletras.com.br
www.blogdacompanhia.com.br
facebook.com/companhiadasletras
instagram.com/companhiadasletras
twitter.com/cialetras

Sumário

Introdução 11

A mãe de todas as perguntas 13

PARTE I: ROMPEU-SE O SILÊNCIO
Uma breve história do silêncio 27
Um ano de insurreição 86
Feminismo: Chegam os homens 103
Um ano após sete mortes 117
O feliz caso recente da piada sobre estupros 126

PARTE II: ROMPE-SE A HISTÓRIA
Fuga do bairro de 5 milhões de anos 137
Os pombais quando as pombas saem 146
Oitenta livros que nenhuma mulher deveria ler 158
Homens me explicam *Lolita* 163
O caso do agressor desaparecido 174
Giantess 183

Agradecimentos e créditos dos textos 195
Créditos das ilustrações 199

Na esperança de continuarmos
com amor por quem vem chegando
e fazendo um alarde maravilhoso:
Atlas
Ella e irmã
Isaac e Martin
Berkeley
Brooke, Dylan e Solomon,
Daisy e Jake;
agradecendo aos leitores
e ao pessoal que arma escarcéu

Introdução

O ensaio mais longo e mais recente neste livro trata do silêncio; quando o comecei, achei que estava escrevendo sobre as várias maneiras de silenciar as mulheres. Logo percebi que as maneiras de silenciar os homens eram inseparáveis da questão, e que todos nós existimos numa somatória de diversas espécies de silêncio, inclusive os silêncios mútuos que chamamos de papéis de gênero. Este é um livro feminista, mas não apenas sobre a experiência das mulheres, mas sobre a de todos nós — homens, mulheres, crianças e pessoas que estão questionando o binarismo e os limites do gênero.

Este livro trata tanto de homens que são feministas fervorosos como daqueles que são estupradores em série, e tem como pressuposto que todas as categorias são permeáveis e só podemos usá-las provisoriamente. Aborda as rápidas transformações sociais de um movimento feminista que se revitalizou nos Estados Unidos, no Canadá e no mundo inteiro e não está apenas modificando as leis; está mudando a maneira como entendemos o consentimento, o poder, os direitos, o gênero, a voz e a representação.

É um movimento maravilhosamente transformador, conduzido em especial pelos jovens nas universidades, nas redes sociais, nas ruas, e tenho enorme admiração por essa nova geração franca e destemida de feministas e ativistas dos direitos humanos. É enorme também meu medo da reação contra ele, uma reação que, por si só, indica a ameaça que o feminismo, como parte de um projeto mais amplo de libertação, impõe ao patriarcado e ao statu quo.

Este livro é uma viagem pelo massacre, uma celebração da libertação e da solidariedade, da percepção e da empatia, e um exame dos termos e instrumentos com que podemos explorar todas essas coisas.

A mãe de todas as perguntas
(2015)

Há alguns anos, dei uma palestra sobre Virginia Woolf. Quando as perguntas se abriram para o público, o assunto que aparentemente despertou mais interesse entre muitas pessoas era se Woolf não deveria ter tido filhos. Atenciosa, respondi que ela, ao que consta, pensou em ter filhos no começo do casamento, depois de ver a alegria da irmã, Vanessa Bell, com os seus. Mas, com o tempo, Woolf passou a considerar a maternidade uma ideia imprudente, talvez devido a sua instabilidade psíquica. Ou talvez, sugeri eu, ela quisesse ser escritora e dedicar sua vida à arte, o que fez com extraordinário sucesso. Durante a apresentação, eu havia citado de maneira positiva passagens sobre a necessidade de matar "o Anjo do Lar", a voz interior que instrui muitas mulheres a se sacrificar como servas da vida doméstica e do ego masculino. Fiquei surpresa que o conselho de asfixiar o espírito da feminilidade convencional suscitasse essa conversa.

O que eu devia ter dito àquela plateia era que ficar especulando sobre o status reprodutor de Woolf constituía um desvio absurdo e enfadonho das magníficas questões presentes em sua obra. (Creio que a certa altura falei "Foda-se essa merda", passando o sentido geral da coisa e encerrando o assunto.) Afinal, filhos muita gente faz, mas *Ao Farol* e *Três Guinéus* só uma pessoa fez, e era por causa disso que estávamos debatendo Woolf.

Aquela linha de perguntas era bem familiar para mim. Dez anos antes, durante uma conversa que deveria girar em torno de um livro meu sobre política, um entrevistador britânico insistiu que, em vez de falar sobre os frutos da minha mente, deveríamos falar sobre os frutos do meu ventre — ou a falta deles. Ele me perguntava insistentemente por que eu não tinha filhos. E não se dava por satisfeito com nada que eu dissesse. Ele parecia defender que eu deveria ter filhos, que era incompreensível que eu não os tivesse, e assim tínhamos que ficar falando sobre os filhos que eu não tinha, em vez de falar sobre os livros que eu tinha.

Quando saí dali, minha assessora de imprensa escocesa — uma moça miúda, de vinte e poucos anos, com sapatilhas cor-de-rosa e um belo anel de noivado — estava espumando de raiva. E esbravejou: "Ele nunca perguntaria isso a um homem". Tinha razão. (Hoje em dia, uso esse argumento para rebater alguns entrevistadores: "Você perguntaria isso a um homem?".) Perguntas como essa parecem nascer da ideia de que não existem *mulheres* — esses 51% da espécie humana com necessidades tão variadas e desejos tão misteriosos quanto os outros 49% —, mas apenas *a mulher*, aquela que deve se casar, ter filhos, deixar os homens entrarem e os bebês saírem, como um elevador da humanidade. Essas questões, na essência, não são perguntas e sim declarações que afirmam que nós, com a nossa veleidade de nos imaginar como indivíduos, definindo nosso próprio curso, estamos erradas. O cérebro é um fenômeno individual que gera as mais variadas criações; o útero gera apenas um tipo de criação.

Quanto a mim, não tenho filhos por diversas razões: sou muito boa no uso de anticoncepcionais; embora eu goste de crianças e adore ser tia, também aprecio a solidão; fui criada por gente bruta e infeliz e não quis reproduzir essa forma de criação nem criar seres humanos que pudessem sentir por mim aquilo que às vezes eu sentia pelos meus progenitores; o planeta não tem condições de sustentar mais gente de primeiro mundo, e o futuro é muito incerto; e eu realmente queria escrever livros, vocação que, tal como a exerço, exige muito. Não sou dogmática contra ter filhos. Poderia ter tido em outras circunstâncias e estaria bem — como estou agora.

Há pessoas que querem ter filhos, mas não os têm por várias razões pessoais, médicas, emocionais, financeiras, profissionais; outras não querem, e ninguém tem nada a ver com isso. Só porque é uma pergunta passível de resposta não significa que a pessoa tenha obrigação de respondê-la ou que ela deva ser feita. A pergunta que o entrevistador me fez foi indecente, pois presumia que as mulheres deveriam ter filhos e que as atividades reprodutoras de uma mulher eram naturalmente um assunto público. Sobretudo, a pergunta pressupunha que, para as mulheres, só existia uma maneira certa de viver.

Mas mesmo dizer que só existe uma maneira certa de viver pode ser uma formulação demasiado otimista, visto que as mães também são sistematicamente consideradas relapsas. Uma mãe pode ser tratada como criminosa se deixar o filho sozinho por cinco minutos, mesmo que o pai dessa criança a tenha deixado sozinha por vários anos. Algumas mulheres me disseram que, depois de terem tido filhos, passaram a ser tratadas como seres apáticos desprovidos de inteligência, que não devem ser levados em consideração. Muitas tiveram de ouvir que não podem ser levadas a sério como profissionais porque em algum momento vão engravidar. E muitas mães que de fato se saem bem no exercício da profissão são suspeitas de estar negligenciando os filhos. Não existe nenhuma boa maneira de responder como é ser mulher; o truque talvez esteja em saber rejeitar a pergunta.

* * *

Falamos sobre perguntas abertas, mas também há as fechadas, aquelas para as quais só há uma resposta certa, pelo menos no que concerne ao indagador. São indagações que nos forçam a concordar com elas ou que nos ferem quando delas divergimos; que trazem suas próprias respostas e cujo objetivo é coagir e punir. Uma das minhas metas na vida é me tornar rabínica o suficiente, conseguir responder perguntas fechadas com perguntas abertas, ter autoridade interna para frear a aproximação de intrusos e pelo menos me lembrar de questionar: "Por que você está perguntando isso?". Descobri que essa é sempre uma boa resposta para uma questão antipática, e as perguntas fechadas costumam ser antipáticas. Mas, no dia do meu interrogatório sobre filhos, fui pega de surpresa (e estava com um sério jet lag) e só fiquei pensando: por que é tão previsível que façam essas perguntas tão infames?

Talvez parte do problema seja termos aprendido a questionar as coisas erradas sobre nós mesmos. A nossa cultura está impregnada de uma espécie de psicologia pop que pergunta obsessivamente: você é feliz? E perguntamos isso num reflexo tão condicionado que parece a coisa mais natural do mundo querer que um farmacêutico com uma máquina do tempo vá entregar um lote de antidepressivos em Bloomsbury, o bastante para a vida toda, pois assim seria possível reorientar uma incomparável estilista literária feminista para a produção de uma ninhada de pequeninos Woolf.

As perguntas sobre a felicidade geralmente pressupõem que sabemos como deve ser uma vida feliz. Muitas vezes se descreve a felicidade como algo resultante de uma longa fileira de coisas — casamento, prole, bens próprios, experiências eróticas —, embora baste um milionésimo de segundo para nos lembrarmos de um monte de gente que tem tudo isso e mesmo assim é infeliz.

Recebemos fórmulas padronizadas a torto e a direito, mas essas fórmulas costumam falhar. Apesar disso, continuamos a recebê-las. E outra vez. E mais uma. Convertem-se em prisões e castigos; a prisão imaginária acorrenta muita gente na prisão de uma vida que segue as receitas à risca, e mesmo assim é tremendamente infeliz.

Talvez o problema seja literário: recebemos um roteiro único sobre o que é ter uma boa vida, mesmo que muitos que seguem fiéis ao roteiro tenham uma vida ruim. Falamos como se existisse um único enredo bom e um único final feliz, embora as inúmeras formas que uma vida pode assumir floresçam — e murchem — ao nosso redor.

Mesmo os que vivem a melhor versão do roteiro familiar nem sempre têm a felicidade como recompensa. Não é algo necessariamente ruim. Conheço uma mulher que viveu durante setenta anos um casamento de muito amor. Sua longa vida é cheia de sentido, e ela vive de acordo com os seus princípios; é amada e respeitada pelos seus descendentes. Mas eu não diria que ela é feliz; sua compaixão pelos vulneráveis e sua preocupação com o futuro dão a ela uma visão sombria do mundo. Para descrever o que ela experimenta, em vez de felicidade, precisamos de uma linguagem melhor. Existem critérios totalmente diferentes para uma boa vida, que podem ser mais importantes para alguns — amar e ser amado, ter satisfação, honra, sentido, profundidade, engajamento, esperança.

Parte de meu empenho como escritora tem sido encontrar formas de valorizar o que é esquivo e subestimado, em descrever sombras e matizes de significado, em celebrar a vida pública e a vida solitária, em encontrar — na expressão de John Berger — "outra maneira de contar", o que também explica por que é tão desalentador esse repisar constante das mesmas velhas maneiras de contar.

A conservadora "defesa do casamento", que na verdade não passa de uma defesa do velho esquema hierárquico que era o casamento convencional antes que as feministas começassem a transformá-lo, infelizmente não é monopólio dos conservadores. Muita gente nesta nossa sociedade se aferra à piedosa crença de que os filhos veem a família heteronormativa cercada por uma espécie de aura mágica maravilhosa, o que leva muitos casais a se manter em casamentos infelizes, destrutivos para todos os que estão por perto. Conheço gente que hesitou por muito tempo antes de sair de um casamento pavoroso, porque a velha fórmula insiste que uma situação que é terrível para um ou para os dois genitores será, de alguma maneira, benéfica para os filhos. Mesmo mulheres com maridos violentamente abusivos são com frequência pressionadas a continuar em situações tidas como tão irrefutavelmente maravilhosas que tais detalhes nem vêm ao caso. A forma prevalece sobre o conteúdo. No entanto, tenho visto a alegria do divórcio e as inúmeras formas que podem ser assumidas por famílias felizes, cada vez mais variadas, desde um genitor só e um filho só até incontáveis configurações de múltiplos lares e famílias ampliadas.

Depois que escrevi um livro sobre mim e minha mãe, que se casou com um profissional liberal muito bruto, teve quatro filhos e vivia nervosa, com raiva e infeliz, uma entrevistadora me emboscou ao perguntar se era por causa do meu pai violento que eu não conseguira encontrar um companheiro. A pergunta vinha carregada de pressupostos espantosos sobre o que eu queria fazer com minha vida e o direito da entrevistadora de se intrometer nela. O livro *The Faraway Nearby* [O próximo distante] discorria de maneira serena e indireta, pensava eu, sobre minha longa jornada rumo a uma vida realmente agradável, e era uma tentativa de dar conta da fúria da minha mãe, inclusive falando de sua origem estar no fato de ela ter ficado presa a expectativas e papéis femininos convencionais.

Tenho feito da minha vida o que decidi fazer, e não era isso que a minha mãe ou a entrevistadora imaginavam. Decidi escrever livros, estar cercada por gente inteligente e generosa e ter grandes aventuras. Algumas dessas aventuras incluem homens — casos passageiros, grandes paixões e relações duradouras — e incluem também desertos distantes, mares árticos, cumes de montanhas, levantes e desastres, exploração de ideias, arquivos, registros e vidas.

As receitas da sociedade para a realização pessoal parecem gerar grande infelicidade, tanto nas pessoas que são estigmatizadas porque não podem ou não querem adotá-las como naquelas que as adotam, mas não encontram a felicidade. Claro que existem pessoas com vidas bem convencionais que são muito felizes. Conheço algumas, assim como conheço muitos monges, padres e freiras no celibato e sem filhos, gays divorciados e todo o leque de entremeio. No verão passado, minha amiga Emma entrou na igreja acompanhada do pai, e o marido dele foi logo atrás acompanhando a mãe de Emma; os quatro, mais o novo marido dela, formam uma família excepcionalmente amorosa e unida, que luta pela justiça em suas atividades políticas. Neste verão, os dois casamentos a que fui tinham dois noivos e nenhuma noiva; no primeiro deles, um dos noivos chorou porque passara a maior parte da vida privado do direito de se casar e nunca pensou que veria seu próprio casamento.

Apesar disso, as velhas perguntas de sempre continuam rondando — ainda que pareçam mais uma espécie de sistema coercitivo do que questões de fato. Na visão de mundo tradicional, a felicidade é algo essencialmente particular e egoísta. As pessoas sensatas buscam o interesse próprio e, quando se saem bem, supõe-se que sejam felizes. A própria definição do que significa ser humano é estreita, e o altruísmo, o idealismo e a vida pública (exceto como fama, prestígio ou sucesso material) não têm muito lugar na lista de desejos. Raramente surge a ideia de buscar significado na vida; as atividades corriqueiras não só são tidas como intrinsecamente significativas, como são tratadas como as únicas opções dotadas de significado.

Uma das razões pelas quais as pessoas se prendem à maternidade como elemento essencial da identidade feminina é a crença de que são os filhos que permitem consumar a capacidade de amar. Mas há tantas coisas a amar além da própria prole, tantas coisas que precisam de amor, tantas outras tarefas no mundo que cabem ao amor...

Enquanto muita gente questiona os motivos dos que não têm filhos, tidos como egoístas por recusarem os sacrifícios que acompanham o papel de genitor, se esquecem de que, para os que amam intensamente os seus filhos, pode sobrar menos amor pelo resto do mundo. Christina Lupton, escritora que também é mãe, apresentou recentemente algumas coisas que teve de abandonar quando estava sobrecarregada pelas exigentes tarefas da maternidade, entre elas:

> Todas as maneiras de cuidar do mundo que não são tão facilmente validadas quanto cuidar dos filhos, mas que são, da mesma forma, fundamentalmente necessárias para que os filhos cresçam bem. Refiro-me aqui à escrita, à criação, à política e ao ativismo; à leitura, ao discurso público, aos protestos, ao ensino, à realização de filmes... As coisas que mais valorizo e das quais acredito que virá qualquer melhoria na condição humana são, em sua maioria, brutalmente incompatíveis com o trabalho concreto e imaginativo de cuidar dos filhos.

Uma das coisas fascinantes na súbita aparição de Edward Snowden, alguns anos atrás, foi a incapacidade de muita gente em entender como um rapaz podia abrir mão da receita da felicidade —

salário alto, emprego estável, casa no Havaí — para se tornar o foragido mais procurado do planeta. Ao que parece, a premissa dessas pessoas é que, como todos são egoístas, Snowden só poderia estar fazendo aquilo por ser interesseiro e querer atenção ou dinheiro.

Na primeira onda de comentários, Jeffrey Toobin, o especialista jurídico da *New Yorker*, escreveu que Snowden era "um narcisista pomposo que merece ir para a cadeia". Outro especialista anunciou: "Eu acho que o que temos em Edward Snowden é apenas um jovem narcisista que pensa que é mais inteligente do que todos nós". Outros imaginaram que ele estava revelando os segredos do governo americano porque era pago por um país inimigo.

Snowden parecia um sujeito de outro século. Nos seus contatos iniciais com o jornalista Glenn Greenwald, ele se nomeava Cincinnatus — o estadista romano que agia em prol da sociedade, sem procurar se promover. Era um sinal de que Snowden formara os seus ideais e modelos longe das fórmulas padronizadas de felicidade. Outras épocas e outras culturas costumavam fazer perguntas diferentes das que fazemos agora: o que de mais significativo você pode fazer com sua vida? Qual é sua contribuição para o mundo ou para sua comunidade? Você vive de acordo com os seus princípios? Qual será seu legado? O que significa sua vida? Talvez a nossa obsessão pela felicidade seja uma maneira de não responder a essas outras perguntas, uma maneira de ignorar a amplitude que as nossas vidas podem ter, o resultado que o nosso trabalho pode trazer, a abrangência que o nosso amor pode alcançar.

Há um paradoxo no cerne da questão da felicidade. Alguns anos atrás, Todd Kashdan, professor de psicologia na Universidade George Mason, divulgou estudos concluindo que as pessoas que julgam importante ser feliz são as que têm maior probabilidade de se deprimir: "Organizar a vida tentando ser mais feliz, fazer da felicidade o objetivo primeiro da vida atrapalha a pessoa ser realmente feliz".

Finalmente tive meu momento rabínico na Inglaterra. Depois de superar o jet lag, fui entrevistada ao vivo por uma mulher com uma entonação compassiva e elegante. "Então", disse ela num gorjeio, "você foi ferida pela humanidade e se refugiou nas paisagens da natureza." A conotação era óbvia: eu, um excepcional e deplorável exemplar, estava ali exposto, uma estranha no ninho. Virei para o público e perguntei: "Algum de vocês já foi ferido pela humanidade?". Riram comigo; naquele momento, percebemos que todos tínhamos as nossas esquisitices, estávamos todos no mesmo barco, e que é para isso mesmo — para cuidar das nossas feridas, ao mesmo tempo aprendendo a não ferir os outros — que estamos aqui. E também pelo amor, que vem sob inúmeras formas e pode ser dirigido a inúmeras coisas. Há muitas perguntas na vida que vale a pena fazer, mas talvez, se formos sábios, nós possamos entender que nem toda pergunta precisa de resposta.

PARTE I
ROMPEU-SE O SILÊNCIO

Uma breve história do silêncio

O que eu mais lamentava eram meus silêncios...
E são tantos os silêncios a romper.

Audre Lorde

O OCEANO EM TORNO DO ARQUIPÉLAGO

O silêncio é de ouro, ou assim me diziam quando eu era nova. Mais tarde, tudo mudou. O silêncio equivale à morte, gritavam nas ruas os ativistas queer, lutando contra a indiferença e a repressão em torno da aids. O silêncio é o oceano do não dito, do indizível, do reprimido, do apagado, do não ouvido. Ele cerca as ilhas dispersas formadas pelos que foram autorizados a falar, pelo que pode ser dito e pelos ouvintes. O silêncio ocorre de muitas maneiras e por muitas razões; todos nós temos o nosso próprio mar de palavras não ditas.

O inglês é cheio de palavras que se sobrepõem, mas, para os objetivos deste ensaio, considere-se *silêncio* como aquilo que é imposto e *quietude* como aquilo que se busca deliberadamente. A tranquilidade de um lugar quieto, da quietude do nosso espírito, da recusa das palavras e da agitação é igual, em termos acústicos, ao silêncio da intimidação ou da repressão, mas, em termos psíquicos e políticos, é algo totalmente diferente. O que não se diz pela busca da serenidade e da introspecção é diferente do que não se diz porque os riscos são grandes ou as barreiras são impeditivas, do mesmo modo como nadar é diferente de se afogar. A quietude está para o barulho assim como o silêncio está para a comunicação. A quietude do ouvinte abre espaço para a fala do outro, como a quietude do leitor absorvendo as palavras na página, como o papel em branco recebendo tinta.

"Somos vulcões", certa vez Ursula K. Le Guin comentou. "Quando nós, mulheres, apresentamos a nossa experiência como a nossa verdade, como verdade humana, todos os mapas se alteram. Surgem novas montanhas." As novas vozes, como vulcões submarinos, irrompem à superfície da água e nascem novas ilhas; é uma atividade furiosa e surpreendente. O mundo muda. O silêncio é o que permite que as pessoas sofram sem remédio, o que permite que as mentiras e hipocrisias cresçam e floresçam, que os crimes passem impunes. Se nossas vozes são aspectos essenciais da nossa humanidade, ser privado de voz é ser desumanizado ou excluído da sua humanidade. E a história do silêncio é central na história das mulheres.

As palavras nos unem e o silêncio nos separa, priva-nos da ajuda, da solidariedade ou da simples comunhão que a fala pode solicitar ou provocar. Certas espécies de árvores espalham sistemas subterrâneos de raízes que interligam os troncos individuais e entrelaçam as árvores num conjunto mais estável, mais difícil de ser derrubado pelo vento. As conversas e os relatos pessoais são como essas raízes. Durante um século, definiu-se a reação humana à tensão e ao perigo como "lutar ou fugir". Um estudo da Ucla, realizado em 2000 por vários psicólogos, mostrou que essa pesquisa se baseava amplamente no comportamento de ratos machos e homens. Mas, ao estudarem mulheres, chegaram a uma terceira opção, empregada com grande frequência: unirem-se por solidariedade, para apoio e conselhos. Eles observaram que, "em termos comportamentais, as reações femininas são mais marcadas por um padrão de 'cuidar-e-ajudar'. O cuidado abrange atividades de nutrição destinadas a proteger o indivíduo e a prole, que promovem a segurança e reduzem o sofrimento; ajudar é criar e manter redes sociais que podem contribuir nesse processo". Boa parte disso se faz falando, contando as dificuldades pessoais, sendo ouvido, sentindo compaixão e compreensão na reação das pessoas que são cuidadas e ajudadas. Não são apenas as mulheres que fazem isso, mas talvez o façam mais rotineiramente. É como eu enfrento ou como a minha comunidade, agora que tenho uma, me ajuda a enfrentar as coisas.

Não poder contar a sua história pessoal é uma agonia, uma morte em vida que às vezes se torna literal. Se ninguém ouve quando você diz que seu ex-marido está tentando matá-la, se ninguém acredita quando você diz que está sofrendo, se ninguém escuta quando você pede socorro, se você não se atreve a pedir socorro, se você foi ensinada a não incomodar os outros pedindo socorro. Se consideram que você saiu da linha ao falar numa reunião, se não é admitida numa instituição de poder, se está sujeita a críticas improcedentes que trazem implícito que ali não é lugar de mulher ou que mulher não é para ser ouvida. Histórias salvam a sua vida. Histórias são a sua vida. Nós somos as nossas histórias, que podem ser a prisão e o pé de cabra que vai arrombar a porta; criamos histórias que nos salvam ou que nos prendem, a nós ou a outros, histórias que nos elevam ou nos esmagam contra o muro de pedra dos nossos medos e limitações. A libertação sempre é, em parte, um processo de contar uma história: romper histórias, romper silêncios, criar novas histórias. Uma pessoa livre conta a sua história própria. Uma pessoa valorizada vive numa sociedade em que a sua história ocupa um lugar.

A violência contra as mulheres muitas vezes se dá contra as nossas vozes e as nossas histórias pessoais. É uma recusa das nossas vozes e do que significa uma voz: o direito de autodeterminação, de participação, de concordância ou divergência, de viver e participar, de interpretar e narrar. Um marido bate na mulher para silenciá-la; um namorado ou um conhecido estuprador impede que o "não" da sua vítima signifique o que deveria significar, isto é, que a jurisdição sobre o seu corpo pertence apenas a ela; a cultura do estupro afirma que o depoimento das mulheres não tem valor, não merece confiança; os ativistas contra o aborto também procuram silenciar a autodeterminação das mulheres; um assassino silencia para sempre. São afirmações de que a vítima não tem nenhum direito, nenhum valor, não é uma igual. Esses silenciamentos ocorrem nas menores coisas: as pessoas assediadas se entocam no silêncio on-line, abafadas ou interrompidas na conversa, menosprezadas, humilhadas, desconsideradas. Ter voz é fundamental. Os direitos humanos não se resumem a isso, mas isso é essencial para eles, e assim podemos considerar a história dos direitos e a falta de direitos das mulheres como uma história do silêncio e do rompimento do silêncio.

Às vezes a fala, as palavras, a voz mudam as próprias coisas, quando trazem a inclusão, o reconhecimento, a reumanização que anula a desumanização. Às vezes são apenas as condições prévias para mudar regras, leis, regimes e trazer justiça e liberdade. Às vezes, a mera possibilidade de falar, de ser ouvida e ser acreditada é parte essencial do pertencimento a uma família, uma comunidade, uma sociedade. Às vezes, as nossas vozes destroçam essas coisas; às vezes, essas coisas são prisões. E então, quando as palavras rompem o indizível, o que era tolerado numa sociedade às vezes passa a ser intolerável. Os que não são afetados pela segregação, pela brutalidade policial ou pela violência doméstica podem não ver ou não sentir o impacto delas: as histórias pessoais mostram o problema e o tornam incontornavelmente visível.

Por *voz* não me refiro apenas à voz em sentido literal — o som produzido pelas cordas vocais nos ouvidos dos outros —, mas à capacidade de se posicionar, de participar, de se experimentar e de ser experimentado como uma pessoa livre com direitos. Isso inclui o direito de não falar, quer seja o direito de não ser torturado para confessar, como no caso dos prisioneiros políticos, quer seja o direito de não ter de atender a desconhecidos que nos abordam, como alguns homens procedem com as moças, exigindo atenção e lisonjas e punindo-as quando não as recebem. A ideia de voz ampliada para a ação abrange amplos setores de poder e falta de poder.[1]

Quem não tem sido ouvido? O mar é extenso e é impossível mapear a superfície do oceano. Sabemos quem é, na grande maioria das vezes, ouvido sobre questões oficiais: os que detiveram cargos, frequentaram a universidade, comandaram os exércitos, foram juízes e jurados, escreveram livros e governaram impérios ao longo de muitos séculos. Sabemos que isso mudou um pouco, graças às inúmeras revoluções a partir do século xx — contra o colonialismo, o racismo, a misoginia, os incontáveis silêncios forçados impostos pela homofobia e muito mais. Sabemos que a di-

---

[1] Uma vez, conversando com o historiador cultural Joel Dinerstein, quando fazia pesquisas para seu projeto *American Cool*, perguntei por que a lista tinha tão poucas mulheres, e então percebi que a indiferença ou impassibilidade, que é a essência de grande parte do *cool* masculino, geralmente era vista como catatonia ou uma arrogância inaceitável quando partia de uma mulher. O que o faz *cool* a faz fria.

rença de classes nos Estados Unidos foi em certa medida nivelada no século XX, e depois reforçada mais para o final do século, com a desigualdade de renda, a redução da mobilidade social e o surgimento de uma nova elite extremada. A pobreza silencia.

Quem foi ouvido, sabemos, forma as ilhas bem mapeadas, e os demais formam o mar da humanidade não ouvida e não registrada, impossível de ser mapeado. Ao longo dos séculos, muitos foram ouvidos e amados, e suas palavras desapareceram no ar tão logo foram proferidas, mas se enraizaram nos espíritos, contribuíram para a cultura, como um adubo fertilizando a terra; dessas palavras brotaram coisas novas. Muitos outros foram silenciados, excluídos, ignorados. Setenta por cento do planeta é composto de água, mas a proporção entre silêncio e voz é muito maior. Se as bibliotecas contêm todas as histórias que foram contadas, existem bibliotecas fantasmas de todas as que não o foram. Os fantasmas ultrapassam os livros numa proporção incalculável. Mesmo os que se fizeram ouvir muitas vezes ganharam esse privilégio por meio de silêncios estratégicos ou pela incapacidade de ouvir certas vozes, inclusive a própria.

A luta de libertação consiste, em parte, em criar as condições para que os silenciados falem e sejam ouvidos. Uma inglesa me contou que a Grã-Bretanha tem uma população carcerária de velhos cada vez maior, porque inúmeras vítimas que antes ninguém queria ouvir agora vêm relatando os abusos sexuais que sofreram. O caso britânico mais notório é o do apresentador Jimmy Savile da BBC, que recebeu o título de Sir, sendo enaltecido e tratado como celebridade. Ele morreu antes de ser denunciado por mais de 450 pessoas por abuso sexual, na maioria moças, mas também garotos e mulheres adultas. Quatrocentos e cinquenta pessoas que não foram ouvidas, que talvez não achassem que tinham o direito de falar, ou mesmo de objetar ou de receber crédito. Ou talvez soubessem que não tinham esses direitos, que eram destituídos de voz.

John Lydon, conhecido como Johnny Rotten, do Sex Pistols, falou sobre Savile à BBC, em 1978: "Aposto que ele está em todas as sujeiradas que sabemos, mas não podemos comentar. Eu já ouvi alguns rumores. Aposto que não vão liberar nada disso". A declaração de Lydon não foi liberada até 2013, quando a entrevista foi transmitida na íntegra. Naquela mesma época, vieram à tona outros casos de grupos de pedofilia envolvendo políticos britânicos de grande destaque. Muitos dos crimes tinham acontecido muito tempo antes. Alguns deles resultaram na morte das crianças vitimadas. Os escândalos que envolvem figuras públicas fornecem versões nacionais e internacionais de coisas que, de outra maneira, permaneceriam como pequenos dramas locais sob a versão predominante. Muitas vezes esses escândalos determinam uma mudança de rumo na opinião pública, ao motivarem conversas e discussões. Às vezes, lançam as bases para que outros se apresentem e falem de outros abusos e outros perpetradores. Ultimamente, isso se converteu num processo que usa as redes sociais para criar tribunais coletivos, depoimentos em massa e formas de apoio mútuo que podem ser vistas como uma versão daquele comportamento de "cuidar-e-ajudar" destacado mais acima.

O silêncio foi o que permitiu que os predadores atacassem ao longo das décadas, sem impedimentos. É como se as vozes desses homens públicos importantes devorassem e aniquilassem as vozes dos outros, num canibalismo narrativo. Tiraram-lhes a voz para recusar e lhes infligiram histórias inacreditáveis. *Inacreditável* significa que os poderosos não queriam saber, ouvir, acreditar, não queriam que eles tivessem voz. As pessoas morriam por não serem ouvidas. Então algo mudou.

A mesma história poderia ser contada no caso de inúmeras figuras norte-americanas, com os famosos exemplos recentes de Roger Ailes, diretor executivo da Fox News, denunciado por várias mulheres por assédio e perseguição sexual, exploração, chantagem e violência psicológica no local de trabalho por mais de cinquenta anos; Bill Cosby e os seus estupros em série com o auxílio de drogas, também pelo mesmo período de tempo; e Jian Ghomeshi no Canadá, denunciado por várias mulheres por ataques brutais — figuras poderosas que sabiam que suas vozes e sua credibilidade afogariam as de suas vítimas, até que algo se rompeu, até que o silêncio se rompeu, até que um mar de histórias estrugiu e acabou com a impunidade deles. Mesmo quando as provas eram acachapantes, alguns ainda continuaram abusando, ameaçaram as vítimas e encontraram formas de negar a validade das suas histórias pessoais. Pois acreditar nelas significaria contestar postulados fundamentais. Seria incômodo, e muitos falam da comodidade como um direito, mesmo quando — principalmente quando — essa comodidade se funda sobre o sofrimento e o silenciamento de outros.

Se o direito de falar, de ter credibilidade, de ser ouvido é uma espécie de riqueza, essa riqueza agora vem sendo redistribuída. Por muito tempo houve uma elite com audibilidade e credibilidade e uma subclasse de destituídos de voz. Com a redistribuição da riqueza, a perplexidade e a incompreensão das elites afloram incessantemente, furiosas e incrédulas que tal mulher ou tal criança tenha ousado abrir a boca, que as pessoas se dignaram a acreditar nela, que sua voz tenha algum valor, que sua verdade possa pôr fim ao reinado de um poderoso. Essas vozes, ouvidas, subvertem as relações de poder. Uma faxineira de hotel marcou o começo do fim da carreira do diretor do Fundo Monetário Internacional, o agressor em série Dominique Strauss-Kahn. Mulheres puseram fim à carreira de nomes notáveis em muitas áreas — ou, melhor, esses nomes notáveis destruíram a si mesmos com ações que cometeram contando com a impunidade que acompanha a falta de poder de suas vítimas. Muitos viveram na impunidade por longos anos, alguns durante toda a vida; muitos agora descobriram que não a têm mais.

Quem é e quem não é ouvido define o statu quo. Os que o encarnam, muitas vezes ao custo de extraordinários silêncios para com eles mesmos, ocupam o centro; os que encarnam o que não é ouvido ou o que perturba os que ascendem graças ao silêncio são marginalizados. Ao redefinirmos qual voz há de se valorizar, redefinimos a nossa sociedade e os seus valores.

Meu tema neste livro é aquela subespécie de silêncio e de silenciamento específica para as mulheres, se é que se pode considerar específico algo que envolve mais da metade da humanidade. Se ter voz, poder falar, ser ouvido e acreditado é essencial para ser um participante, uma pessoa com poder, um ser humano com pleno reconhecimento, então é importante reconhecer que o silêncio é a condição universal da opressão, e existem muitas espécies de silêncio e de silenciados.

A categoria *mulheres* é uma longa avenida que cruza com várias outras, entre elas classe, raça, pobreza e riqueza. Percorrer essa avenida significa cruzar outras e jamais significa que a cidade do silêncio tem apenas uma rua ou uma rota importante. Agora cabe questionar as categorias de masculino e feminino, mas também cabe lembrar que a misoginia se baseia numa inabalável crença na realidade dessas categorias (ou tenta reforçá-las demonstrando o papel apropriado de cada gênero).

O genocídio é um grande silenciamento, assim como a escravidão. E foi contra a escravidão que surgiu o feminismo americano, nascido nesse cruzamento. Elizabeth Cady Stanton foi à Convenção Antiescravista Mundial em Londres, em 1840, uma entre as diversas abolicionistas que viajaram até lá para participar e descobriram que não teriam assento nem palavra. Mesmo os que se consideravam defensores dos oprimidos não enxergavam o que havia de opressor num sistema tão antigo que era considerado natural. A controvérsia surgiu. Em sua autobiografia, Stanton escreveu sobre as mulheres admiráveis lá reunidas, que foram "todas obrigadas a ouvir em silêncio as banalidades masculinas sobre a esfera das mulheres". Voltou para casa furiosa, e essa fúria, ao ser silenciada e reprimida, com a percepção resultante, deu início ao primeiro movimento pelos direitos das mulheres.

Além de conquistar os direitos de voto e de acesso ao ensino e às escolas, uma parte significativa da luta pelos direitos civis consistiu — e ainda consiste — em incluir pessoas não brancas nos corpos de jurados, tanto para lhes dar o direito de plena participação como para dar aos réus em julgamento o direito de serem ouvidos por pessoas capazes de entender quem eles são e de onde vêm — um júri composto por seus pares, como garante a Constituição. Ainda em 2016, a composição racial dos júris foi objeto de contestação no Supremo Tribunal. As lutas por questões de gênero são análogas.

Em 1927, sete anos depois de as mulheres conquistarem o direito de voto em escala nacional,[2] apenas dezenove estados permitiam que as mulheres integrassem os júris, e mesmo em 1961 o Supremo Tribunal confirmou a dispensa automática de juradas

---

[2] Nos Estados Unidos, costuma-se dizer que as mulheres negras só obtiveram o direito de voto na época dos direitos civis, o que é verdade para as negras e os negros de grande parte do Sul, mas não da nação como um todo; antes de 1920, havia negras em Chicago organizando blocos eleitorais, porque as mulheres de Illinois conquistaram o direito de voto em 1913. Quatro estados no Oeste — Wyoming, Utah, Colorado e Idaho — deram o direito de voto às mulheres no século XIX. Mulheres índias e asiáticas ficaram privadas desse direito até anos bem avançados do século XX, e algumas brancas no movimento sufragista desacreditaram e excluíram mulheres negras. Depois da Guerra Civil, a pioneira feminista Elizabeth Cady Stanton não quis apoiar o direito dos homens negros ao voto como questão independente do direito das mulheres ao voto, o que significou que ela e um setor do movimento feminista não apoiaram ou até se opuseram ativamente a essa luta. A desabilitação do votante racista voltou a ser um tema importante no século XXI.

na Flórida. Isso significa que muitos, incontáveis processos de violência e discriminação sexual foram ouvidos por júris exclusivamente masculinos, com advogados homens em tribunais presididos por juízes homens, cenário em que era extraordinariamente alta a probabilidade de que a voz da vítima mulher fosse desacreditada e silenciada (a menos que ela estivesse depondo contra uma pessoa de outro grupo silenciado: às vezes, homens brancos usavam mulheres brancas como arma contra homens negros). E significa também que, dessa e de muitas outras maneiras, as mulheres não tinham voz na sociedade.

O silêncio foi a condição histórica das mulheres, às quais, salvo raras exceções, negava-se instrução e papéis na vida pública — cargos como juízas, preladas e praticamente qualquer outro com o uso da palavra. As mulheres foram silenciadas nas casas de Deus. Em Coríntios 1,14.34, Paulo determinou: "estejam caladas as mulheres nas assembleias, pois não lhes é permitido tomar a palavra". Em outra parte, o Novo Testamento declara: "Eu não permito que a mulher ensine ou domine o homem. Quer ela conserve, pois, o silêncio". Nenhuma mulher tomou o sacerdócio na Igreja anglicana nos Estados Unidos até 1944, nem na Igreja da Inglaterra até 1994. A primeira rabina nos Estados Unidos foi ordenada em 1972. Nenhuma mulher foi ordenada na Igreja católica.

As mulheres foram silenciadas nos tribunais. Nenhuma mulher integrou o Supremo Tribunal dos Estados Unidos até 1981, e atualmente as mulheres ocupam apenas um terço dos assentos, a maior proporção de todos os tempos. Na Escola de Direito de Harvard, onde estudaram tantos dos senhores do mundo, o primeiro pedido de admissão de uma mulher foi em 1871, e a primeira mulher ingressou em 1950. As mulheres estavam excluídas dos cursos de graduação em muitas das universidades da Ivy League, onde se formam as alianças de poder mundiais. A primeira aluna de graduação em Yale ingressou na faculdade em 1969. As mulheres receberam uma acolhida tão hostil que, em 1977, a primeira ação judicial americana baseada no Título IX [contra a discriminação sexual] deu entrada na justiça, por assédio sexual no campus e estupro perpetrado por docentes, o processo *Alexander v. Yale*. O caso estabeleceu um precedente, determinando que todas as universidades do país tratassem esses abusos como discriminação (mas a mudança não foi suficiente: 39 anos depois, no verão de 2016, 169 filósofos assinaram uma carta condenando a conduta do professor Thomas Pogge, de Yale, especialista na área de ética, por uma série de supostos episódios de assédio sexual ao longo de 27 anos).

Novos reconhecimentos exigem uma nova linguagem, e o feminismo cunhou uma imensidão de termos para descrever as experiências individuais que passaram a sair dos seus esconderijos durante os debates dos anos 1960 e 1970. Susan Brownmiller cunhou o termo "date rape" em 1975. A expressão "assédio sexual" [*sexual harassment*] foi cunhada talvez em 1974 por Mary Rowe, para descrever condutas impróprias no MIT [Massachusetts Institute of Technology], ou em 1975 por um grupo de mulheres tratando do mesmo problema em Cornell. A lendária advogada Catherine MacKinnon deu impulso ao conceito com seu livro *Sexual Harassment of Working Women* [Assédio sexual na vida profissional feminina], de 1979. O termo e os conceitos por trás dele só se tornaram conhecidos pelo público com as audiências Clarence Thomas-Anita Hill em 1991. Em 1993, Oklahoma e a Carolina do Norte são os últimos estados a criminalizar o estupro da própria esposa. A falta de jurisdição sobre o próprio corpo é uma forma de silenciamento, uma maneira de anular o valor daquilo que se diz, e as palavras sem valor são piores do que o silêncio: a pessoa pode ser punida por dizê-las.

TODO HOMEM É UMA ILHA: O SILÊNCIO MASCULINO

Sob o patriarcado, o silêncio está em toda parte, embora ele exija dos homens silêncios diferentes dos das mulheres. Pode-se imaginar o policiamento do gênero como a criação de silêncios recíprocos, e assim se pode começar a reconhecer o silêncio masculino como uma troca por poder e pertencimento. Quem melhor formulou isso foi bell hooks, que disse:

> O primeiro ato de violência que o patriarcado exige dos homens não é a violência contra as mulheres. Em vez disso, o patriarcado exige de todos os homens que pratiquem atos de automutilação psíquica, que matem suas partes emocionais. Se um indivíduo não conseguir se mutilar emocionalmente, pode ter certeza de que os homens patriarcais encenarão rituais de poder que investirão contra seu amor-próprio.

Ou seja, o patriarcado exige que primeiramente os homens silenciem a si mesmos (e talvez caiba notar mais uma vez que, embora o patriarcado seja um sistema que privilegia os homens e a masculinidade, muitas mulheres são cúmplices, alguns homens se rebelam e algumas pessoas estão desmontando as normas de gênero que o sustentam). Isso significa aprender a silenciar não só perante os outros, mas também perante si mesmo, sobre aspectos da sua vida e da sua identidade interior.

Fiquei arrepiada ao ler a passagem de hooks, ao perceber de repente que é como se fosse o enredo de um filme de terror ou de zumbi. Os mortos vão atrás dos vivos para exterminar os sentimentos, seja conseguindo que os alvos se juntem ao entorpecimento deles, seja atacando-os e reduzindo-os ao silêncio. Na paisagem do silêncio, há três domínios que se alternam: o silêncio imposto de dentro, aquele imposto de fora e o que existe em torno, que ainda não foi nomeado, reconhecido, descrito ou admitido. Mas não são distintos; alimentam-se mutuamente; e o que é e não é dito torna-se incognoscível e vice-versa, até que algo se rompe.

O preço que os homens pagam pelo poder é um certo tipo de integridade emocional, e as renúncias começam cedo. Quando perguntei no tom mais neutro possível a um sobrinho, que acabava de fazer cinco anos, por que o rosa não estava mais entre suas cores favoritas, ele sabia exatamente do que estávamos falando: "Gosto de meninas. Só não gosto de *coisas* de menina", exclamou ele, sabendo o que eram coisas de menina e que não devia deixar se definir por elas. Na verdade, ele já sentia desprezo por elas e prosseguiu com um discurso contra *Meu pequeno pônei*.

Achei que cinco anos era cedo demais para começar a ser bombardeado, até que fui fazer compras para o filho de uma amiga que estava grávida e logo me relembraram que os nossos papéis se colam em nós desde a hora do nascimento. Para as meninas, ser fofa, bonitinha, simpática e talvez passiva: cores quentes, gatinhos, flores, arabescos. Para os meninos, distância: cores frias e figuras ativas, geralmente ameaçadoras ou removidas do espaço da intimidade e da emotividade — figuras esportivas, bastões e bolas, foguetes, animais de sangue frio como répteis, dinossauros e tubarões, estranhas escolhas para mamíferos desamparados que dependem de cuidados.

A masculinidade é uma grande renúncia. O cor-de-rosa é apenas uma miudeza, mas meninos e homens bem-sucedidos renunciam a emoções, à expansividade, à receptividade, a todo um conjunto de possibilidades na vida cotidiana, e homens que ocupam áreas masculinizadas — esportes, Forças Armadas, polícia, trabalhos exclusivamente masculinos como construção ou extração de recursos minerais — muitas vezes ainda precisam renunciar a outras coisas mais. As mulheres mantêm um leque mais amplo de possibilidades emocionais, embora sejam desestimuladas ou estigmatizadas ao expressar algumas das emoções mais fortes, sentimentos que não são femininos e respeitosos, e muitas outras coisas — ambição, inteligência crítica, análise independente, discordância, raiva. Ou seja, o silêncio é uma força difusa, distribuída de diferentes maneiras entre diferentes categorias de pessoas. Ele subjaz a um statu quo que depende de uma homeostasia de silêncios.

A misoginia e a homofobia são, ambas, formas de odiar o que não é patriarcado. "O que causa a heterossexualidade?", era a pergunta num dos adesivos distribuídos pela minha cidade natal, como parte da campanha de protesto da Nação Queer contra a homofobia, 25 anos atrás. Era uma ótima pergunta, invertendo a pergunta convencional, reconhecendo que a heterossexualidade também era socialmente construída e não precisava ser vista como norma inquestionável. Tive a grande sorte de conviver com gays desde os treze anos de idade, pessoas que resistiam às doutrinações sobre a masculinidade heterossexual, visto que pelo menos alguns dos privilégios dessa heterossexualidade as excluíam, não lhes interessavam ou não valia a pena fazerem concessões por causa deles, ou também porque a dissidência erótica abria a possibilidade de outras espécies de dissidência. A convivência com eles tem sido um longo contato com as outras coisas que os homens podem ser.

Muitos dos gays em minha vida parecem mais inteiros do que a maioria dos héteros que conheço. Mostram-se mais capazes de sentir e expressar um leque completo de emoções, de entendê-las e apreciá-las nos outros (e, muitas vezes, de ter uma percepção aguçada de sombras e nuances de significados que ultrapassa a dos demais, bem como uma grande sagacidade em expressá-las). São soldados que desertaram da guerra do patriarcado, gente com aquela visão binocular que chamamos de humor: a capacidade de reconhecer a distância entre as coisas como são e as coisas como supostamente deveriam ser.

A própria masculinidade estava e está aberta a questões numa cultura que inclui todo um espectro que vai das drag queens à hipermasculinidade estetizada, em que os homens se reconhecem como objeto do olhar masculino. Sob tudo isso há uma percepção de que as identidades são roupas que se usam, e por trás se encontra o amplo leque de escolhas quanto ao que se quer ser. É claro que todos, em todas as categorias do ser humano, têm o direito de ser horríveis, e o mero fato da orientação sexual, assim como da raça, classe, religião e gênero, não gera necessariamente uma libertação ou compreensão das coisas; não estou falando de todos os gays, mas apenas dos meus amigos e da minha comunidade.

No *mainstream* heterossexual, as mulheres ficam com a tarefa de portar e expressar a emoção pelos outros. Quando eu era bem nova, fui viajar com meu namorado, e o pai dele, vendo-nos sair, disse: "Dê notícias. Sua mãe vai ficar preocupada". Ela era a dublê para as emoções que ele não podia expressar. Ela tinha os sentimentos que podiam ser admitidos. Era ela que preenchia o silêncio em casa, jogando conversa fora para manter a ligação entre as pessoas, para ser extrovertida numa casa cheia de homens bons, mas fechados, homens decentes que ficavam extremamente incomodados com a expressão da emotividade e sentiam que o trabalho de estabelecer vínculos não lhes cabia.

Se é preciso matar a emoção, isso pode converter as mulheres em alvos. Homens menos decentes perseguem a vulnerabilidade porque, se ser homem significa aprender a odiar a vulnerabilidade, você vai odiá-la em você e no gênero que a carrega para você. *Mulherzinha* e *frutinha* foram insultos usados por muito tempo contra meninos e homens, da mesma forma que *veado* e *bicha*; um homem não pode ser maricas, não pode chorar, não pode ser fraco; o medo de ser gay era o medo de ter uma sexualidade que talvez não fosse a da dominação e da penetração, que podia ser a de ser penetrado, ser igual, ser aberto. Como se abertura fosse fraqueza em vez de força. Na Grécia antiga e em algumas culturas contemporâneas, a masculinidade foi e é definida como aquele que penetra. A condição daquele ou daquela que é penetrado corresponde a uma degradação que equivale a não ser masculino — o que faz do ser heterossexualmente feminino uma condição de perpétua degradação e equipara, talvez, quem penetra a quem degrada. (Na Islândia medieval, o insulto "um *troll* te usa como uma mulher" era considerado tão ofensivo que o insultado tinha o legítimo direito de matar.)

O amor é uma negociação constante, uma conversa constante; amar alguém é se abrir à rejeição e ao abandono; o amor é algo que se pode conquistar, mas não extorquir. É uma arena que não se controla, porque a outra pessoa também tem direitos e toma decisões; é um processo colaborativo; fazer amor é, em sua melhor forma, um processo em que essas negociações se transformam em alegria e diversão. Grande parte da violência sexual é uma recusa dessa vulnerabilidade; muitas das normas sobre a masculinidade inculcam uma falta de habilidade e de disposição para negociar de boa-fé. A inabilidade e o sentimento de estar em seu direito se deterioram e viram uma fúria de controlar, de transformar uma conversa num monólogo que dita ordens, de transformar o ato de fazer amor numa imposição agressiva e numa demonstração de controle. O estupro é o ódio e a fúria ocupando o lugar do amor entre os corpos. É uma visão do corpo masculino como arma e do corpo feminino (no estupro heterossexual) como inimigo. Como é converter seu corpo em arma?

Se não fomos ensinados a colaborar, a negociar, a respeitar e prestar atenção, se não vemos os nossos bem-amados como iguais, dotados de certos direitos inalienáveis, não estamos bem preparados para o trabalho do amor. Estamos num mundo em que os homens nas sociedades industrializadas, até recentemente, pressupunham que o acesso ao corpo das mulheres era um direito deles que elas não deviam tolher. Ainda é comum ouvir homens heterossexuais reclamarem da obrigação insensata e trabalhosa de precisar obter o consentimento sexual, e talvez seja o caso de lembrar que, até pouco tempo atrás, os maridos nos Estados Unidos tinham direitos irrestritos sobre o corpo da esposa, o que é outra maneira de dizer que a esposa não tinha praticamente nenhum direito sobre o próprio corpo.

Somente na Califórnia e em Nova York, há pouco tempo, é que o consentimento explícito se tornou o padrão vigente para o sexo consensual nas universidades. Quando o consentimento explícito se converteu em lei, uma legião de homens nos Estados Unidos (e no website do *Guardian* em Londres) armou uma gritaria indignada contra o fato de ambas as partes terem de participar ativa e conscientemente a favor do que estava acontecendo. O significativo era que consideravam a questão como um obstáculo terrível que acabava de surgir. Pelo critério anterior, bastava não haver discordância, o que, evidentemente, significava que se sentir sob intimidação, estar sob efeito de dopagem ou em estado de inconsciência podia ser interpretado como consentimento. Em outras palavras, o silêncio era consentimento, como se o silêncio dissesse uma coisa só quando pode significar tantas outras, como se a questão fosse pronunciar um *não* em vez de emitir um *sim*.

Existe uma separação tradicional entre estupro, violência doméstica, assassinato e misoginia institucional. Mas muitas vezes as mulheres que são estupradas, espancadas, perseguidas, molestadas na rua têm medo, e com razão, de ser mortas, e às vezes são — somos — mesmo. As distinções entre os tipos de violência não nos adiantam de nada quando nos impedem de falar sobre a chamada *violência de gênero* como um fenômeno amplo e profundo. E mesmo chamar todos eles de violência de gênero encobre o fato de que a violência é apenas um meio para um fim, e que existem também outros meios. Se a questão é o silêncio, então as formas de silenciamento que uns empregam contra outros ampliam o campo, passando a incluir a vergonha, a humilhação, a exclusão, a desvalorização, o descrédito, as ameaças e a distribuição desigual do poder por meios sociais, econômicos, culturais e jurídicos.

Evan Stark, especialista em violência doméstica, afirma que o próprio termo é equivocado; em seu livro de 2009, *Coercive Control: How Men Entrap Women in Personal Life* [Controle coercitivo: Como os homens cerceiam as mulheres na vida pessoal], escreve:

> Este livro reformula o cerceamento e a violência doméstica contra a mulher do ponto de vista das sobreviventes como um modo de conduta deliberado e malévolo, empregado quase exclusivamente por homens para dominar as mulheres em termos individuais, entrelaçando a reiterada violência física com três táticas igualmente importantes: a intimidação, o isolamento e o controle. [...] O dano primário que os homens violentos infligem é político, não físico, e reflete a privação de direitos e de recursos que são essenciais para a condição de pessoa e para a cidadania.

Ele compara esse cerceamento a um sequestro, as vítimas a reféns, muitas vezes privadas do acesso a outras pessoas, sem liberdade de movimentos, sem recursos materiais como carro ou dinheiro, punidas por infrações pelo ditador da casa. Geralmente, o momento mais perigoso é quando as vítimas de controle coercitivo tentam ir embora. Muitas são mortas por tentar ou por conseguir alcançar a liberdade, liberdade que não é segurança. Stark acrescenta:

As mulheres em minha experiência prática têm deixado claro, repetidamente, que o que os seus parceiros lhes fazem é menos importante do que aquilo que eles as impedem de fazer por conta própria, apropriando-se dos seus recursos, minando seu apoio social, tirando os seus direitos à privacidade, ao respeito próprio e à autonomia, e privando-as da igualdade essencial. [...] O controle coercitivo é um crime contra a liberdade, mais do que um crime de agressão.

A atriz e ativista feminista Patricia Arquette comentou em 2016:

Há um efeito cascata na sub-remuneração para as mulheres. Dez mil mulheres são encaminhadas diariamente para abrigos contra o abuso doméstico. Muitas vezes, o abuso doméstico consiste em parte em suprimir os recursos econômicos; há homens que tomam semanalmente o pagamento das esposas e nunca lhes dão dinheiro ou não as deixam trabalhar por serem ciumentos demais. A principal razão dada pelas mulheres para voltarem e ficarem com o abusador é a insegurança financeira. Muitas vezes elas têm filhos com eles.

Podemos ampliar o quadro de Stark e ver muitas formas de ataque às mulheres — não só dos seus parceiros, mas também de conhecidos e desconhecidos, de políticos e do Estado — como controle coercitivo. A guerra interminável contra os direitos reprodutivos — não só contra o aborto, mas também contra métodos anticoncepcionais, o acesso à educação sexual e ao planejamento familiar — é uma tentativa de controle coercitivo institucional. Às vezes, a violência desempenha um papel, mas a coerção ocorre por muitos outros meios, inclusive pela criação de leis punitivas que tolhem direitos. Não é difícil ver que uma legislação que diz se concentrar nos direitos dos não nascidos, em vez de nos direitos das mulheres que carregam os não nascidos, na verdade se concentra nos direitos dos homens e do Estado e não no corpo das mulheres; tampouco é difícil ver no esforço de negar acesso à contracepção e ao aborto um ataque à autonomia, à capacidade de ação e ao direito das mulheres de escolherem o que o sexo significa para elas, de terem controle sobre o próprio corpo, de buscarem prazer e intimidade sem se submeter às enormes exigências da maternidade, ou de escolherem essa maternidade segundo seus próprios termos.

A ampla presença da violência de gênero e da violência sexual serve para restringir a liberdade e a confiança daquelas que têm de viver num mundo em que as ameaças compõem o pano de fundo de suas vidas, uma nota de rodapé a cada página, uma nuvem nublando todos os céus. Não são "crimes passionais", como se costumava dizer, nem de desejo, mas sim de fúria em controlar, impor ou reforçar uma estrutura de poder. Inúmeros homicídios na violência doméstica são punições ou tentativas de manter o controle sobre mulheres que anunciam que estão indo, tentam ir ou já foram embora. Matar alguém é matar sua liberdade, sua autonomia, seu poder, sua voz. O fato de muitos homens acreditarem que têm o direito e a necessidade de controlar as mulheres, pela violência ou por qualquer outro meio, revela muito sobre os sistemas de crença que adotam e sobre a cultura em que vivemos.

Nos últimos anos, do Brasil ao Canadá, há estupradores que filmam suas agressões sexuais. Então põem o vídeo em circulação entre seus pares masculinos como prova da capacidade de ação dos estupradores e da incapacidade de ação da vítima, a subsequente humilhação e a perda de controle sobre sua privacidade e dignidade (e boa parte da pornografia heterossexual *mainstream* retoma esse roteiro com infindáveis variações, a excitação parecendo brotar do poder homoerótico e não do prazer heterossexual). Essa vergonha leva algumas sobreviventes do estupro ao suicídio — e é muito significativo que uma agressão sexual seja vergonhosa para a vítima e não para o agressor. Esses vídeos nos relembram a coexistência de dois mundos radicalmente diversos: quando circulam no sistema jurídico, são provas de crimes, mas, quando circulam entre os pares masculinos, servem para demonstrar aos outros como os agressores atendem às normas da masculinidade.

Porém, a lei e os estupradores não são tão diferentes assim em outros aspectos. Muitos casos de estupros levam as vítimas ao tribunal ou a sindicâncias universitárias, em que aqueles que julgam perpetuam o descrédito e a desvalorização da vítima com perguntas que a tratam como culpada, pintam-na como pessoa intrinsecamente suspeita, atacam-na com perguntas invasivas, impertinentes e lascivas sobre o seu histórico sexual. As autoridades judiciais e universitárias às vezes se preocupam mais com o futuro dos estupradores do campus do que com o futuro das vítimas, e frequentemente tendem a acreditar mais neles do que nelas. A decorrente falta de disposição de muitas sobreviventes em cooperar com o sistema judicial resulta numa perda dos seus direitos legais, no silenciamento, na aceitação de que os estupradores saiam impunes e muitas vezes voltem a agir, isso numa sociedade (os Estados Unidos) em que somente 3% dos estupradores cumprem pena pelos seus crimes.

Assim, o controle coercitivo opera no nível da sociedade tal como opera no lar. O tratamento dado às vítimas e a tolerância generalizada diante de uma epidemia de violência ensinam às mulheres que elas têm pouco valor, que erguer a voz pode resultar em maiores punições, que o silêncio pode ser uma estratégia de sobrevivência melhor. Às vezes isso recebe o nome de "cultura do estupro", mas, tal como "violência doméstica", o termo reduz o foco apenas para a ação individual, deixando de ver a motivação de muitos; "patriarcado" é melhor como termo abrangente.

A epidemia de estupros universitários nos relembra que esse tipo específico de crime não é cometido por um grupo que possa ser sumariamente descartado como marginal; as fraternidades estudantis em instituições de elite, de Vanderbilt a Stanford, têm sido palco de ações excepcionalmente perversas; a cada primavera, as melhores universidades formam uma nova safra de estupradores impunes. Eles nos relembram que essa insensibilidade está no centro, não nas margens, que a falta de empatia e de respeito são centrais, não marginais.

A empatia é uma narrativa que contamos a nós mesmos para que as outras pessoas ganhem realidade para nós, para que sintamos com elas e por elas, e assim possamos nos ampliar, nos alargar e nos abrir. Não sentir empatia é fechar ou aniquilar uma parte de si mesmo e da sua humanidade, é se proteger contra algum tipo de vulnerabilidade. O silenciamento, ou a recusa em ouvir, rompe esse contrato social de reconhecer a humanidade do outro e a nossa ligação com ele.

Ao olhar um livro de fotos de linchamento, publicado algumas décadas atrás, pareceu-me que os brancos que iam com os filhos fazer piquenique na frente das cenas de tortura estavam celebrando seu próprio entorpecimento e dissociação. As pessoas que fazem ou consomem vídeos de estupro e pornografia misógina devem estar fazendo a mesma coisa. A nossa humanidade é feita de histórias ou, na falta de palavras e narrativas, de imaginação: aquilo que não senti literalmente, porque aconteceu a você e não a mim, posso imaginar como se fosse eu ou posso me importar com aquilo, mesmo não tendo sido comigo. Assim estamos ligados, não estamos dissociados. Essas histórias podem ser aniquiladas e reduzidas ao silêncio, e as vozes que poderiam gerar empatia são silenciadas, desacreditadas, censuradas, tornando-se afônicas e inaudíveis. A discriminação é um treinamento de não se identificar ou não sentir empatia pelo outro, porque é diferente em alguma coisa, acreditando que a diferença é tudo e a humanidade em comum, nada.

Em seu livro *Love and War: How Militarism Shapes Sexuality and Romance* [Amor e guerra: Como o militarismo molda a sexualidade e o romance], Tom Digby afirma que vivemos numa sociedade militarizada em que os homens sofrem mil formas de pressão para adotar as práticas e os costumes dos soldados. Um soldado cercado pela morte de outros e pela possibilidade da sua própria mutilação e morte se fecha. Fecham-se também muitos sobreviventes de atrocidades, individuais e coletivas, muitas vezes cometidas por aqueles que se fecharam para perpetrá-las. Robert Jay Lifton denominou esse entorpecimento emocional de *Morte em vida*, título de seu livro sobre os sobreviventes de Hiroshima. Ele sustenta que sobreviveram ao horror se fechando, mas que ficarem fechados significava serem mortos-vivos, não vivos. Isso nos leva de volta à crítica de hooks aos "atos de automutilação psíquica" dos homens. Talvez a questão seja qual é o significado de estar vivo e como estar plenamente vivo.

Os soldados são treinados para descartar a empatia, a fim de se transformarem em máquinas de matar; é assim que vão para a guerra cumprir sua tarefa, é assim que voltam para casa, com um trauma muitas vezes impossível de expressar. David Morris, em sua obra admirável sobre o trauma, *The Evil Hours* [As horas más], observa:

> Uma parte da força corrosiva do trauma consiste em sua capacidade de destruir as narrativas, e [...] as histórias, escritas e faladas, têm um enorme poder terapêutico tanto para o narrador como para o ouvinte. As memórias normais, não traumáticas, são reconhecidas e integradas à história do eu em curso. São, em certo sentido, como animais domesticados, tratáveis, passíveis de controle. Em contraste, a memória traumática se mantém à parte, como um cão feroz, rosnando, selvagem e imprevisível.

Morris nota que as vítimas de estupro e os soldados têm muito em comum. O trauma desorganiza a narrativa de uma vida porque estilhaça a memória em cacos que não serão reconhecidos como história digna de crédito, às vezes nem pelo próprio narrador — assim, alguns sobreviventes de estupros e de outras atrocidades emergem com histórias fraturadas, o que indicaria que elas não são confiáveis, não têm validade nem merecem confiança. Assim, o estupro é uma ação que procura estilhaçar o eu e sua narrativa, às vezes seguida por procedimentos judiciais que exigem que o eu se recomponha como uma narrativa coesa (mas não coesa demais: o depoimento bem-sucedido não pode ser racional e frio demais, nem muito sobrecarregado emocionalmente). Uma amiga que trabalha na área diz que muitas mulheres apresentam queixa dos ataques sexuais por razões altruístas: para impedir que o mesmo aconteça com outras pessoas. Às vezes apresentam-se para corroborar o depoimento de alguém que já deu parte. Manifestar-se, em outras palavras, muitas vezes é um gesto de empatia.

Morris prossegue: "Embora o estupro seja a forma mais comum e mais danosa de trauma, a grande maioria das pesquisas sobre os TEPT [transtornos de estresse pós-traumático] trata de traumas e de veteranos de guerra. A maior parte do nosso conhecimento sobre os TEPT provém de estudos com homens". Em outras palavras, há um silêncio sobre quem sofre tais transtornos que silencia ainda mais as mulheres. Inúmeros cidadãos que silenciam para ser aceitos pelos silenciados. Pessoas que se apresentam como caricaturas de seres humanos, oferecendo seus silêncios umas às outras, esquivando-se mutuamente a estabelecer ligações. Represas e diques construídos contra as histórias, que às vezes se rompem e inundam a cidade.

SILÊNCIO: AS JAULAS

Há aqueles que são literalmente silenciosos.

"Quem, se eu gritasse, me ouviria." Assim começa a primeira *Elegia de Duíno* de Rainer Maria Rilke, e há os que não ouvem ninguém, nem a si mesmos, que reprimiram, esqueceram, enterraram o conhecimento e, com isso, enterraram a si mesmos. Quando buscamos o silêncio, constantemente encontramos os mortos. Quem os ouviria? Somente os que os puniriam ainda mais. Sarah Chang escreveu sobre assistir pornografia infantil como parte de seu trabalho como promotora em crimes de abuso sexual de crianças. Ela notou o silêncio:

> Vídeo após vídeo, presenciei o sofrimento silencioso. Soube mais tarde que é uma reação típica de vítimas de abuso infantil. Os psiquiatras dizem que o silêncio transmite o sentimento de desamparo delas, que também se manifesta como relutância em registrarem as ocorrências e a tendência de se reconciliarem com os abusadores. Se uma criança chega a revelar o abuso, o relato costuma ser ambivalente, às vezes seguido por total retraimento e retorno ao silêncio.

Ela fala sobre uma vítima que foi ameaçada de morte pelo irmão caso gritasse. Maya Angelou ficou muda durante cinco anos após o estupro aos sete anos de idade.

Durante a infância, Barry Lopez foi estuprado durante anos, sistematicamente, por um amigo da família. Ele escreve sobre o estuprador:

> Ele me falou, com calma, mas enfático, que era médico, que eu precisava de tratamento e que não iríamos aumentar as preocupações da minha mãe contando a ela sobre o meu problema. De tempos em tempos, geralmente no carro quando me levava de volta para casa,

Shier me relembrava que, se algum dia eu contasse para alguém, se os tratamentos fossem interrompidos, ele não teria outra escolha a não ser me internar numa instituição. [...] Achei que seria melhor continuar a ser o menino corajoso que ele dizia que eu era.

Ele foi silenciado durante anos e, quando se manifestou nos meados da adolescência, o padrasto ficou em dúvida e decidiu não acreditar nele. Passou-se meio século antes que Lopez falasse publicamente sobre seu suplício e seus traumas.

Quando os lábios não podem falar, o corpo às vezes revela: testemunho silencioso.
Kelly Sundberg escreveu sobre o ex-marido violento e a relação oscilante que ela mantinha com essa violência:

Depois de dois anos que nos mudamos, comecei a pós-graduação e finalmente fiz alguns amigos, mas era difícil passar algum tempo com eles. Eu tinha de mentir: Prendi o braço na porta. Tropecei no tapete e bati o rosto na mesa. Não sei de onde veio esse machucado. Deve ter sido dormindo. Acho que tenho anemia. Eu me machuco muito fácil.

Uma vez, Caleb me disse: "Você provavelmente gostaria que alguém descobrisse de onde vêm esses machucados. Você provavelmente quer que alguém saiba e aí as coisas poderiam mudar". Ele falou isso com muita tristeza.

Só uma vez ele me bateu no rosto. Uma mancha vermelha se espalhou pela face e fiquei com o olho arrebentado e sangrando. Depois, sentamos no chão do banheiro, exaustos. "Você me fez bater no seu rosto", ele disse muito abatido. "Agora todo mundo vai ficar sabendo."

Ela tinha mantido o silêncio. Mas o rosto falou. A verdade ameaçava o marido, o casamento, o conforto e as suposições das pessoas próximas. Sundberg rompeu o silêncio e escreveu sobre a questão num ensaio bastante aclamado, que serviu de incentivo para que outras pessoas contassem suas histórias sobre a violência de cônjuges e genitores. Uma voz solo se tornou um coro.

Um aspecto complicado do abuso e do assédio é a ideia de que a traição não está no crime, e sim na revelação do crime. Não se espera que você vá falar. Os abusadores muitas vezes se supõem donos do privilégio de exigir o silêncio dos abusados e de haver uma proteção unilateral. Frequentemente são outros que impõem o silêncio, retratando a vítima como se fosse ela a escolher a ruína de uma carreira ou de uma família, como se não tivesse sido o próprio agressor a fazer essa escolha.

Há vozes que se erguem na ausência de ouvintes.
Em 2015, um estudante da Universidade de Stanford atacou sexualmente uma mulher inconsciente. A mulher depôs em seu julgamento: "Tentei tirar da minha cabeça, mas pesava tanto que eu não falava, não comia, não dormia, não tinha contato com ninguém. Depois do trabalho, eu ia para um lugar isolado para gritar…". Ela absorvera, de certa forma, a ideia de que a sua raiva e o seu trauma eram descabidos, de que os seus gritos não deviam ser ouvidos. Mas então ela foi ouvida no mundo inteiro. Escreveu uma carta a seu agressor que, depois de ler em voz alta no tribunal, foi anexada aos documentos do processo, e em junho de 2016 se tornou o relato em primeira pessoa de um estupro e seus desdobramentos com, talvez, o maior número de consultas. Ela recuperou a voz que lhe fora tomada e com isso reumanizou seu eu desumanizado. Disse palavras que construíram uma jaula em torno dele, ergueram um monumento à sua maldade e indiferença, pala-

vras que provavelmente o acompanharão pelo resto da vida. Sua voz foi seu poder.

Ela rompeu o silêncio (embora não tenha rompido a vergonha e o medo que muitas vezes mantêm as vítimas de estupro no anonimato). Falou dele, das suas mentiras e subterfúgios com raiva e indignação, mas terminou com ternura: "Às garotas de todas as partes, estou com vocês. Nas noites em que se sentem sozinhas, estou com vocês. Quando as pessoas duvidam ou negam, estou com vocês. Lutei diariamente por vocês. Então nunca deixem de lutar, eu acredito em vocês. [...] vocês não podem ser silenciadas". *Estou com vocês* é a voz da empatia, as palavras que dizem que não há separação entre nós.

Mas há as que gritam em vão.
O famoso caso de Kitty Genovese, estuprada e morta a facadas por um desconhecido enquanto os vizinhos dos outros apartamentos ignoravam os seus gritos, converteu-se num exemplo emblemático da indiferença dos espectadores. Catherine Pelonero retomou o caso em 2014. Numa resenha do seu livro, Peter C. Baker comentou:

> Pelonero assinala que, no mesmo mês em que Genovese foi assassinada, a United Press International publicou uma matéria sobre um juiz em Cleveland que determinara que "tudo bem que o marido provoque um olho roxo na mulher e lhe quebre um dente se ela ficar fora de casa até muito tarde". Pelonero também cita de modo mais extenso as várias testemunhas que justificaram explicitamente sua inação de acordo com o que se espera das mulheres e do seu lugar no mundo. "Imaginei que era uma briga de casal, que ele tinha dado uma surra nela. Então minha mulher e eu voltamos para a cama."

E continua:

O caso foi várias vezes relatado por grandes especialistas e professores universitários, em geral como se nunca se tratasse especificamente de violência contra as mulheres ou da complexa rede de mecanismos judiciais e culturais que permite o florescimento dessa violência. Pelo contrário, tornou-se uma lenda clássica da "natureza" humana — e, como a maioria dessas lendas, não tem quase nada a dizer sobre a fina textura da prática ou da vivência humana.

Em outras palavras, o caso foi um alarde encoberto pelo silêncio sobre as causas reais da morte de Genovese e de muitas outras mulheres.

Além das pessoas que são acusadas de mentir, fantasiar, inventar coisas por maldade, confusão ou insanidade, há outras que são acreditadas, mas o que ouvem é que seus sofrimentos e direitos não têm nenhuma importância.

Muitos anos atrás, minha mãe foi até um policial para lhe contar que o marido, meu pai, estava batendo nela. O policial lhe deu algum conselho banal — acho que sugeriu que fizesse um bom jantar — e deixou claro que era o tipo de agressão ao qual a lei era indiferente. Inútil falar. Em seu livro de 1976 sobre a violência doméstica, quando se começava a romper o silêncio em torno do assunto, Del Martin, grande ativista pelos direitos das lésbicas, escreveu: "Essas mulheres suportam a brutalidade do marido em silêncio porque não têm a quem recorrer nem para onde ir".[3] O fe-

---

[3] Martin, que em 1955 foi uma das fundadoras das Filhas de Bilítis, o primeiro grupo americano pelos direitos das lésbicas, se casou em fevereiro de 2004 com sua companheira Phyllis Lyon, com quem vivia fazia 51 anos, na primeira leva

minismo mudou as leis. Mas recorrer à polícia, que tem sua própria incidência elevada de casos de violência doméstica e meios limitados para dar qualquer eficácia às ordens de restrição, é uma estratégia que costuma falhar com muita frequência.

Há pessoas que falam e recebem crédito, e em consequência desaparecem.

Em muitas comunidades, há lugares para onde elas podem ir, os santuários secretos que são os abrigos femininos — locais onde as mulheres desaparecem, perdendo seu lar e literalmente seu lugar no mundo como resultado da violência do seu companheiro. Muitas mulheres são refugiadas no seu próprio país; muitas mulheres são obrigadas a desaparecer do próprio lar e da sua própria vida e a adotar vidas secretas em locais secretos. Os *abrigos de mulheres espancadas* surgiram nos anos 1970. Há milhares deles na América do Norte e na Grã-Bretanha, embora não em escala suficiente para receber todas as vítimas de violência doméstica. Depois de se divorciar, minha mãe foi voluntária num deles durante anos. Ela cuidava da contabilidade.

E há pessoas que falam e são silenciadas pela lei.

"A pequena sereia" é um conto escrito por Hans Christian Andersen, um homem que era queer em muitos sentidos, um sujeito esquisito, desajeitado, grandalhão, de sexualidade ambígua, filho de uma camponesa, que se tornou queridinho da aristocracia. No conto, uma sereia renuncia à sua voz em troca da oportunidade de viver na terra. Ela sai do oceano com pernas e

---

de casamentos homossexuais de San Francisco, impulsionando a luta pela igualdade matrimonial, que culminaria na decisão do Supremo Tribunal em 2015.

sem palavras. Como a heroína silenciada de "Os cisnes selvagens" de Andersen, ela não pode, não deve defender a si mesma. Em 2011, quando Nafissatou Diallo, faxineira num hotel elegante de Manhattan, foi atacada sexualmente pelo diretor do FMI, Dominique Strauss-Kahn, foi difamada e desacreditada na mídia, os promotores desistiram do caso, mas ela ganhou uma ação civil contra Strauss-Kahn. O preço, como em tantos casos assim, foi o silêncio.

O Centro de Integridade Pública informou em 2009: "Mas, enquanto a imensa maioria das estudantes que sofrem ataques sexuais mantém silêncio — mais de 95%, segundo um estudo subvencionado pelo setor de pesquisas do Ministério da Justiça americano —, as que se apresentam podem se deparar com procedimentos disciplinares ilusórios, sindicâncias internas sigilosas e negociações por baixo do pano". Na Universidade da Virgínia, as denunciantes foram avisadas de que deviam manter silêncio sobre todos os aspectos dos seus processos e corriam o risco de sofrer penalidades em caso de desobediência, até que o governo federal interveio. E o BuzzFeed informou em 2015: "Uma pós-graduanda do Bard College entrou nesta semana com uma queixa formal junto ao Ministério da Educação dos Estados Unidos dizendo que não teve permissão de discutir seu suposto estupro com um funcionário da faculdade, até que assinou um acordo impedindo-a de comentar a agressão".

Em 2013, 10 das 37 estudantes e ex-estudantes que entraram com uma ação contra o Occidental College receberam pagamento em dinheiro, mas foram impedidas de participar do grupo universitário Coligação do Occidental contra a Agressão Sexual, que organizou a campanha resultando na investigação federal. Foram pagas para manter silêncio. A professora de Criminologia Danielle Dirks disse ao *Los Angeles Times* que a exigência para "as mulheres manterem silêncio e não participarem do ativismo universitário poderia ter um efeito de arrefecimento no Occidental. Muitas mulheres vêm se apresentando, em parte porque outras sobreviventes de ataques têm conseguido falar abertamente sobre os seus tratamentos".

O que significa quando uma suposta vitória inclui a imposição do silêncio? Ou devemos dizer "reimposição"?

Há outras formas de silenciar as vítimas: a ridicularização, as ameaças, o descrédito, o isolamento.

Rebecca Donner rompeu recentemente seu silêncio com um ensaio na revista on-line *Guernica*, contando que foi estuprada pelo tio na adolescência, que não conseguia falar e respondia às perguntas da mãe apenas assentindo com a cabeça, que a família se dividiu entre os que a culparam pelo fato e os que não acreditaram que ocorrera um estupro, a costumeira dissonância cognitiva de culpabilização da vítima. "Disseram-me para superar o que tinha acontecido. Disseram-me para manter o silêncio. E, até agora, fiquei de boca fechada como uma boa menina." Existem milhões de histórias como esta, com os seus tristes detalhes próprios, mas com o mesmo esquema de negação e silenciamento.

A vergonha é um grande silenciador.

O silêncio é um fardo que cabe ou cabia à maioria de nós, embora seu peso seja maior para umas do que para outras, e algumas tenham virado grandes especialistas em largá-lo, deixá-lo de lado e se livrarem dele. Elizabeth Smart, que aos catorze anos foi sequestrada da sua casa em Salt Lake City e estuprada durante meses a fio, disse que, na educação sexual restrita à abstinência que havia recebido, aprendera que ficaria contaminada e se tornaria indigna se fizesse sexo antes do casamento. "E como é fácil sentir que você não é mais digna. A sua vida não tem mais valor." Esse sentimento de indignidade contribuiu para mantê-la prisioneira, desesperançada, sem uma vida boa a que pudesse voltar. O movimento contra o estupro nas universidades surgiu, em parte, da posição de jovens sobreviventes que não aceitaram ficar reduzidas ao silêncio por vergonha e, depois, não aceitaram que a vergonha se instalasse como situação ou até estado psíquico.

A boa educação também.
O que chamamos de boa educação muitas vezes significa aprender que o bem-estar alheio é mais importante. Você não pode incomodar, e estará errada se perturbar os outros, em qualquer circunstância. Décadas atrás, ouvi no rádio um conto que nunca mais esqueci, a narrativa em primeira pessoa de uma mulher sendo apalpada no metrô de Nova York, tentando imaginar um jeito de se livrar sem ofender o molestador nem lhe dar a entender que estava sendo inconveniente. Era um incidente mostrando tortuosamente como são entranhadas as regras de ser bem-educada, gentil, agradável, inofensiva, e como essas regras podem interferir na sobrevivência. Lembro-me de um episódio aos vinte e poucos anos, quando fui ameaçada na rua por um homem assustador à noite, e não me ocorreu acenar os braços para que algum carro parasse, nem armar um escarcéu, nenhuma das coisas que eu faria com mais idade, mais segura das minhas avaliações e dos meus direitos, e com menos medo de fazer um escândalo. A boa educação, a insegurança, o silenciamento interno podem converter as mulheres mais novas em alvos mais fáceis. A filósofa Martha Mussbaum começou a pós-graduação em Harvard em 1969; recentemente, ela relembrou quando o seu orientador "se estendeu para lhe tocar os seios... ela o afastou delicadamente, com cuidado para não o constranger".

* * *

O silêncio também é um estatuto jurídico de impotência.

Em 2015, a juíza Ruth Bader Ginsburg invocou um caso do Supremo Tribunal de 1982 numa audiência sobre os direitos do casamento homossexual. "O casamento hoje não é o que era sob a tradição do direito consuetudinário, sob a tradição do direito civil", disse Ginsburg quando os juízes Roberts e Kennedy começaram a questionar se o tribunal tinha o direito de contestar séculos de tradição. "O casamento era uma relação entre um homem dominante e uma mulher subordinada", explicou a juíza. "Isso teve fim com a decisão deste tribunal em 1982, quando foi derrubada a Norma do Chefe e Senhor da Louisiana."

Ginsburg, a segunda mulher a ter assento no Supremo Tribunal, referia-se à lei do "chefe e senhor" da Louisiana, que conferia ao marido o direito irrestrito de dispor de bens conjuntos sem o conhecimento ou consentimento da esposa. A ação envolvia um marido que hipotecou a casa que a esposa comprara com os seus vencimentos para se defender das acusações de ter molestado a filha de ambos. Ela não teve voz na gestão da sua casa e dos seus vencimentos, não teve voz no curso da sua vida; o que devia ser dela ou deles era apenas dele.

Negando-se a falar e a testemunhar, os indivíduos e as sociedades servem ao poder e aos poderosos.

Quando se recusam a falar, as testemunhas consentem com a perda dos direitos, da capacidade de agir, da integridade física ou da vida de outra pessoa. O silêncio protege a violência. Sociedades inteiras podem ser silenciosas — e, como ocorreu com o genocídio armênio na Turquia, falar sobre os crimes pode se tornar perigoso ou ilegal. O escritor Orhan Pamuk foi acusado de "insultar a identidade turca" e obrigado a fugir do país, por ter falado de um crime excluído dos livros escolares e da história oficial.

Há maneiras específicas de silenciar pessoas específicas, mas há também uma cultura que esvazia o lugar de fala das mulheres, deixando claro que as vozes dos homens contam mais do que as delas. Existem testemunhas especialistas no fenômeno.

Na literatura clássica, Tirésias era um sacerdote que, por castigo, foi transformado em mulher, vivendo assim por sete anos, e depois transformado de volta em homem. Os deuses foram ouvir seu depoimento de primeira mão sobre gênero e sexualidade. Na nossa época, as pessoas transexuais são testemunhas especializadas na imposição e no reforço dos papéis de gênero. Uma pessoa que deu um testemunho de grande impacto, mais de dez anos atrás, foi Ben Barres, nascido Barbara Barres, biólogo na Universidade de Stanford. Em 2006, ele escreveu na revista *Nature* sobre a tendenciosidade que conhecera como mulher na área científica, desde perder bolsas para candidatos masculinos menos qualificados até ouvir que teria provavelmente recebido a ajuda de algum namorado para fazer cálculos matemáticos. Um homem lhe disse que ele era mais inteligente do que a irmã, acreditando que a identidade feminina anterior de Barres era sua irmã. Algumas coisas ele só percebeu depois que deixaram de ocorrer.

Então, como bom cientista, observou meticulosamente: "Anedotas, porém, não são dados, e é por isso que estudos com ocultação do gênero são tão importantes. Esses estudos revelam que, em muitos processos de seleção, inconscientemente eleva-se tanto o patamar exigido aos candidatos de minorias e mulheres que poucos conseguem passar". Ele contestou Larry Summers, reitor de Harvard, que afirmara em 2005 que as diferenças biológicas inatas de aptidão explicavam por que os homens se saíam melhor do que as mulheres em matemática e ciências. (Na época, o *Guardian* observou: "Durante o período em que dr. Summers foi reitor, o número de vagas com estabilidade oferecidas a mulheres caiu de 36% para 13%. No ano passado, apenas quatro das 32 novas vagas estáveis foram oferecidas a mulheres".) Num boxe sobre a sua experiência pessoal, Barres dizia irônico: "De longe, a principal diferença que percebi é que as pessoas que não sabem que sou transgênero me tratam com muito mais respeito: até consigo terminar uma frase sem que nenhum homem me interrompa".

Homens e mulheres recebem tipos e quantidades diferentes de espaços para ocupar, em termos literais, geográficos, conceituais e conversacionais. Isso é mensurável nos filmes, mas também existe na vida real.

Em 2010, o Instituto Geena Davis sobre Gênero na Mídia publicou estatísticas de filmes de Hollywood num período de três anos: "Entre os personagens com fala, 32,4% são mulheres em filmes de classificação livre, 30% são mulheres em filmes de classificação livre mediante a companhia dos pais das crianças, e 27,7% são mulheres em filmes que exigem a companhia dos pais de menores de treze anos. Dos 1565 criadores de conteúdo, são mulheres apenas 7% na direção, 13% no roteiro e 20% na produção". Em 2014, o instituto realizou outro estudo com filmes dos dez maiores mercados cinematográficos do mundo e descobriu que mais de dois terços dos personagens que falavam e tinham nome eram masculinos e menos de um quarto dos filmes "mostravam uma menina ou mulher no papel principal ou dividindo o enredo da história com outro personagem principal".

Um estudo semelhante com os setecentos filmes de maior sucesso entre 2007 e 2014, realizado pela Escola de Comunicação Annenberg, mostrou: "Nos cem filmes mais populares de 2014,

21 tinham uma mulher no papel principal, uma porcentagem parecida com a dos vinte entre os filmes de maior sucesso de 2007. Entre os cem filmes de maior sucesso em 2014, dois eram dirigidos por mulheres. Em 2007, eram três. Entre os setecentos filmes examinados, três eram dirigidos por afro-americanos". Nenhum dos cem filmes de maior sucesso em 2014 era estrelado por uma mulher com mais de 45 anos. Um estudo de 2016 com 2 mil filmes, feito pela *Polygraph*, mostrou que os homens ocupavam 88% dos papéis principais.

Quando as mulheres estão na tela, nem sempre falam e, mesmo quando falam, nem sempre falam uma com a outra; quando falam uma com a outra, é sobre os homens que continuam com papel central no filme. A autora de *graphic novels* Alison Bechdel inventou o que agora é conhecido como o Teste Bechdel, o requisito de que um filme tenha dois personagens femininos que conversem sobre qualquer coisa que não seja um homem. É um critério ridiculamente baixo a que muitos filmes não atendem. Na trilogia original de *Guerra nas estrelas*, tirando a princesa Leia, as mulheres falam durante 63 segundos no total de 386 minutos dos filmes, segundo a conclusão de uma análise recente. Esses 63 segundos estão divididos entre três mulheres nos três filmes, correspondendo a cerca de um terço de 1% do tempo total.

No entanto, esses filmes não são apresentados como filmes de meninos ou de homens, e sim como filmes para todos nós, ao passo que os filmes com uma desproporção parecida na quantidade de tempo atribuída a personagens femininos seriam inevitavelmente vistos como filmes para meninas ou mulheres. Não se espera que os homens se empenhem no processo empático de se identificar com outro gênero, assim como não se pede aos brancos, como se pede às pessoas não brancas, que se identifiquem com outras raças. Ser dominante significa ver a si mesmo e não ver os outros; o privilégio costuma limitar ou obstruir a imaginação.

* * *

O lugar de fala e a esfera pública estão entrelaçados, e isso vem de milênios.

A especialista em estudos clássicos Mary Beard analisou as geografias de gênero ao longo dos milênios. Em seu ensaio fundamental de 2014, "The Public Voice of Women" [A voz pública das mulheres], ela observa que o silenciamento das mulheres começa praticamente junto com o início da literatura ocidental, na *Odisseia*, com Telêmaco dizendo à sua mãe Penélope para se calar. Penélope já está castamente confinada dentro de casa, cercada de pretendentes, enquanto o marido perambula ociosamente pelo Mediterrâneo, dormindo com outras mulheres. (Dá para imaginar uma revisão feminista em que Penélope aproveita a sua autonomia, toma alguns pretendentes como amantes e talvez não suspire pela volta do marido; Margaret Atwood tentou uma versão dessas no seu *A odisseia de Penélope*.) Beard descreve como ter voz — de preferência grossa — era um elemento definidor da masculinidade, e que a esfera pública é a esfera masculina: "Na maioria das circunstâncias, uma mulher falando em público não era mulher, por definição".

Ela mesma se tornou uma figura pública muito criticada no século XXI, com o surgimento das redes sociais:

Não faz muita diferença que linha você adota como mulher; se você se arrisca no território masculino tradicional, o abuso sempre vem. O que o desencadeia não é o que você diz, é o fato de você estar dizendo. E ele vem junto com os detalhes das próprias ameaças. Entre elas está um cardápio totalmente previsível de estupro, bombardeio, assassinato e assim por diante. Mas uma subseção significativa se refere ao silenciamento da mulher — "Cala a boca, sua vaca" é um refrão muito comum. Ou promete remover a capacidade de falar da mulher. Recebi um tuíte que dizia: "Vou cortar e estuprar a tua cabeça".

E isso provavelmente diferencia Beard da maioria dos especialistas em estudos clássicos homens que dão aulas em Cambridge. Em abril de 2016, ela declarou ao *New York Times*: "Nunca escapamos a um certo desejo cultural masculino pelo silêncio das mulheres".

As mulheres são frequentemente desqualificadas e impedidas de participar do tipo de vida pública que Beard comenta.
Existem inúmeras maneiras de eliminar as mulheres da vida pública e profissional. Mulheres da área de engenharia falam como foram impedidas de fazer estágios e desempenhar papéis importantes; mulheres disputando campeonatos de xadrez falam de menosprezo e assédio sexual; mulheres de outros campos contam as mesmas histórias. Mulheres na política são criticadas pela aparência, pela voz, pela ambição, por não se dedicarem em tempo integral à família (ou por não terem família). Termos como "estridente" e "mandona" são em larga medida reservados a mulheres, tal como "insolente" para afro-americanos. Mulheres na política não podem ser femininas demais, visto que não se associa feminilidade à liderança, mas também não podem ser masculinas demais, visto que masculinidade não é prerrogativa delas; esse nó cego exige que ocupem um espaço que não existe, que sejam uma coisa impossível para não serem uma coisa errada. Até onde consigo entender, ser mulher é estar constantemente numa condição errada. Pelo menos sob o patriarcado.
Observei várias vezes a acolhida de *Primavera silenciosa*, o livro fundamental de Rachel Carson sobre o efeito devastador dos pesticidas, de 1962, abismada com a maneira como a destratavam,

chamando-a de histérica, sentimental, não qualificada. Enquanto eu escrevia este livro e fazia pesquisas para outro projeto, li uma história oral em que o homem que estava na diretoria do Sierra Club quando *Primavera silenciosa* foi lançado, fazendo de Carson a ambientalista talvez mais renomada dos anos 1960, declarou: "Não consigo pensar no nome dela a não ser como uma mulher que não é cientista e que escreveu uma história sobre pesticidas terríveis". A única descrição que ele quis associar a essa cientista — que tinha mestrado e só não concluiu seu doutorado em zoologia e genética na Johns Hopkins por razões financeiras, que trabalhou como cientista para o governo federal e depois para o Instituto Oceanográfico de Woods Hole — foi que "não é cientista".

Era um homem de idade falando sobre uma época que não existe mais, mas a ideia de que as mulheres não são qualificadas, quaisquer que sejam as suas qualificações, continua grassando como na época de Carson. A jornalista investigativa Suki Kim se disfarçou para fazer uma matéria sobre as condições na Coreia do Norte, mas seus editores insistiram em lançar o artigo como material autobiográfico. Um livro sobre a vida pública e coletiva foi reenquadrado como uma viagem pessoal por razões de marketing, mas também por causa da ideia de que as mulheres pertencem à esfera privada e, por extensão, não têm lugar fora dela. Em 2016, Kim escreveu na *New Republic*:

> Ao lançarem o meu livro como pessoal e não profissional — ao me divulgarem como uma mulher numa viagem de autodescoberta e não como uma repórter com uma tarefa pioneira —, fui efetivamente despojada do meu conhecimento especializado sobre o assunto que eu melhor conhecia. A mudança foi sutil, mas familiar a mulheres de todas as profissões. Fui transferida de uma posição de autoridade — O que você sabe? — para o campo da emoção: Como você se sentiu?

Foi-lhe vetado pensar e conhecer os outros, ficou confinada às suas próprias emoções, como se o único campo em que ela tivesse competência fosse ela mesma.

Esse aprisionamento ecoava a velha ordem, quando as mulheres eram confinadas ao lar e à vida privada, e a vida pública era assunto dos homens. Claro que o corolário costuma ser, ainda hoje, a exclusão dos homens da vida emocional e pessoal. As duas esferas são importantes, mas o poder econômico, político e social depende de se ter presença na esfera pública. A revolução é para o livre movimento de todos, em todas as partes. Ela não terminou; está em curso; ela mudou todos os mapas; eles vão mudar ainda mais.

A CIDADE INUNDADA

> *Quero escrever um romance sobre o silêncio.*
> *As coisas que as pessoas não dizem.*
>
> Virginia Woolf

A literatura feminista examina a natureza, as causas e os efeitos desses silêncios, e alcançou seu auge nos anos 1970 e começo dos anos 1980, com uma avalanche de ensaios sobre o silêncio. Mary Wollstonecraft e as feministas oitocentistas trataram da exclusão e da impotência, inclusive da exclusão do ensino. As sufragistas mostraram que não ter o direito de voto significava o silenciamento político e a exclusão da cidadania plena, da autodeterminação e da esfera pública. Charlotte Perkins Gilman falou, em 1911, que as mulheres eram "tolhidas por mil tipos de restrições [...] a ignorância imposta da qual agora estão emergindo rapidamente". Na época em que as mulheres haviam conquistado o voto — 1920 nos Estados Unidos, 1918 na Grã-Bretanha —, mas faltavam-lhes muitas outras coisas, teve andamento a investigação do silêncio.

Virginia Woolf deu o sinal de alarme em dois ensaios fundamentais. O mais famoso, "Um teto todo seu", saiu em 1929, baseado em duas palestras de 1928 sobre as restrições práticas, financeiras, sociais e psicológicas para que as mulheres escrevessem e, por extensão, tivessem voz. Mas que tipo de voz ela poderia ter? Adrienne Rich, meio século depois, escreveu:

> Fiquei assombrada com o tom de esforço, de muito trabalho, de tentativa encarniçada que transparecia naquele ensaio. E reconheci esse tom. Já o ouvira muito, em mim mesma e em outras mulheres. É o tom de uma mulher quase apalpando a sua raiva, que está decidida a não aparentar raiva, querendo ser calma, distanciada e até cativante numa sala cheia de homens onde se disseram coisas que são agressões à sua própria integridade. Virginia Woolf se dirige a um público de mulheres, mas tem aguda consciência — como sempre teve — de estar sendo secretamente ouvida por homens.

Seu outro ensaio, "Profissões para mulheres", originalmente apresentado como um discurso na Sociedade Nacional de Mulheres em 1931, trata da outra modalidade de voz, não a do convencimento, criticada por Rich (e critica-se com muita frequência o tom de voz das mulheres), e sim a reconfortante. Ela apresenta as instruções interiorizadas pelas mulheres para serem agradáveis, graciosas, elogiosas, que podem silenciar a voz real e os pensamentos reais: o eu real. Woolf aponta que existem maneiras de falar que são o ruído branco do silêncio: as banalidades e o restabelecimento de certezas, as cortesias e negativas que lubrificam um sistema perpetuador do silêncio. Você fala pelos outros, não por si. Woolf comentou sobre a voz dentro das mulheres que lhes diz: "Seja simpática, seja meiga, elogie, engane, use todas as manhas e artifícios do nosso sexo. Nunca deixe ninguém perceber que você tem inteligência própria". Woolf deu a essa voz o nome de Anjo do Lar, orgulhando-se por tê-lo assassinado por necessidade, para poder ter voz. Para poder romper o silêncio.

Meio século depois, no seu livro *Pornography and Silence* [Pornografia e silêncio], Susan Griffin citou Norman Mailer a respeito de Marilyn Monroe: "Ela é um espelho do prazer daqueles que a fitam". Ou seja, Monroe tinha aparência e fala, mas essa aparência e essa fala não eram para ela se expressar, para ser ela mesma, e sim para servir aos outros. Griffin comenta: "No entanto, sabendo que a existência simbólica [de Monroe] era uma máscara, ele se recusa a olhar por trás dessa máscara. E, no entanto, se não existisse outro eu, um eu a ser perdido e um eu a ser violentado, a vida dessa atriz não teria sido uma tragédia". Era uma análise mostrando como uma pessoa pode ser visível e audível, e no entanto silenciada.

Monroe pode representar qualquer mulher, todas as mulheres que silenciam, ocultam, disfarçam ou eliminam aspectos de si mesmas e da sua expressão pessoal ao buscar o prazer, a aprovação, o reconforto, o reforço dos homens. Não é apenas uma questão erótica; é como uma mulher no trabalho, na sala de aula ou na rua aprende a se locomover entre as expectativas masculinas, sabendo que, se for segura, imperiosa ou contida demais, poderá ser punida. Existem analogias — meu amigo Garnette Cadogan descreveu com grande pungência e eloquência como ele, por ser negro, precisa se comportar constantemente em público como "não-sou-um-criminoso, não-sou-uma-ameaça" para aplacar o medo dos brancos e preservar a si mesmo. Ser mulher e ser negra é cumprir tarefa dobrada nessa obrigação de servir aos outros.

Mailer, ao chamar Monroe de "espelho do prazer", não pergunta o que acontece quando este é rotineiramente o de outrem.

É uma morte do prazer disfarçada de prazer, uma morte do eu a serviço dos outros. É o silêncio envolto em nulidades agradáveis. O retrato de Monroe, que morreu jovem em 1962, é como um apêndice da observação de bell hooks sobre a "automutilação psíquica" dos homens — é um retrato do outro tipo de automutilação, para que um eu atenda e sirva àqueles eus mutilados. Um silêncio para atender ao silêncio, silêncios que se encaixam como molde em peças fundidas, uma história de fantasmas.

Tillie Olsen deu uma palestra em 1962, publicada em 1965 na *Harper's*, que em 1978 veio a integrar seu best-seller *Silences* [Silêncios]. O silêncio, ou o desejo de interrogá-lo e acabar com ele, chegava à maioridade. O texto começa: "A história da literatura está carregada de silêncios: alguns são os longos silêncios dos nossos grandes autores reconhecidos; alguns, ocultos; alguns, quando se para de publicar depois de determinada obra; alguns, o de nunca ter chegado à forma de livro". Em outras palavras, havia tipos diferentes de silêncio, um para o que era dito e o que continuava sem ser dito, e outro para quem falava e quem tinha permissão de falar.

Olsen se demora até chegar a seu verdadeiro tema, como se antes precisasse mostrar suas credenciais, seu conhecimento e apreço pela grande literatura escrita por homens. Então ela passa para o silêncio das mulheres na literatura, observando que a maioria das escritoras com carreira literária não tinha filhos, porque ter tempo para si e para a sua voz é indispensável à criação. Isso se refere ao silêncio prático — a falta de tempo para construir o castelo de palavras em que consiste um longo texto —, mas há muitos tipos de silêncio que se referem à experiência feminina na época. A segunda metade do livro é uma ampla compilação de "apartes, amuletos, exumações, fontes", ampliando o conjunto de provas sobre o silenciamento das mulheres e as suas consequências, não só para elas, mas para a literatura. Um resumo dos fatos para a defesa.

Mística feminina (1963), de Betty Friedan, era sobre "o problema que não tem nome", sobre as mulheres americanas que viviam com conforto material, mas anuladas social e politicamente devido à sua exclusão da vida pública e do poder em casa e no mundo. O livro pode ser, e tem sido, criticado por tratar de mulheres brancas de classe média; mas também pode ser apreciado como obra que, durante a luta contra a pobreza e os movimentos dos direitos civis, dizia que o gênero era um problema que igualmente merecia exame, e que nomeá-lo é parte essencial da transformação.

Em seu livro *At the Dark End of the Street* [No fim escuro da rua], de 2010, Danielle L. McGuire afirma que o próprio Movimento pelos Direitos Civis foi silenciado, em certo sentido, ao ser reescrito como uma história das contribuições de um movimento liderado por homens (e mulheres esquecidas) para os direitos de todos. Ela retoma o começo da história com Rosa Parks, investigadora dos casos de estupro para a NAACP (National Association for the Advancement of Colored People, Associação Nacional para o Progresso de Pessoas de Cor), reformulando assim o movimento inteiro como iniciativa de mulheres negras pelos direitos de mulheres negras, cruzamento geralmente apagado da história daquela avenida.

Em contraste, Susan Sontag publicou em 1969 um ensaio, "A estética do silêncio", que silencia sobre o gênero. O texto trata de artistas homens e utiliza o pronome masculino para descrever "o artista". Sontag discorreu sobre artistas que escolheram o silêncio, como Marcel Duchamp e Arthur Rimbaud, para os quais o silêncio era um gesto de desprezo ou de transcendência, uma retirada — mas então ela observa: "Uma decisão exemplar dessa espécie só pode ser tomada depois que o artista demonstrou que é dotado de gênio e exerceu esse gênio de maneira irrefutável". É a quietude que alguns escolhem depois de serem ouvidos e valorizados — a antítese de ser silenciado.

O que se costuma chamar de *segunda onda do feminismo* traz inúmeros relatos de opressões que antes não eram nomeadas nem descritas, expondo também a alegria em reconhecer até mesmo a opressão: o diagnóstico é o primeiro passo para a cura e para a recuperação. Ao falar, encontrar definições para o que as afligiam, as mulheres saíam do isolamento e adquiriam poder. Os escritos dos anos 1960 e 1970 formam uma literatura de exploração e mesmo de revelação: as pessoas avançam aos tropeços, sem saber bem o que estão encontrando, descrevem-no de maneira atabalhoada, procuram uma nova linguagem para coisas que nunca tinham sido descritas, veem o novo tomando o lugar do que lhes é conhecido, tornam-se pessoas que integram esse novo território, tanto quanto ou ainda mais do que o anterior, seguem para um mundo que vai sendo inventado à medida que avançam.

Viagens de descoberta: uma parte essencial do movimento feminista dos anos 1970 eram os "grupos de conscientização", nos quais as mulheres conversavam sobre as suas experiências. Susan Griffin, com participação importante no feminismo daquela fase, me contou que primeiro elas reclamavam do trabalho doméstico e então começavam a falar sobre estupros, violências e coisas horríveis, rompendo a vergonha que as mantivera até então em silêncio e sozinhas. Citavam com frequência os versos da poeta Muriel Rukeyser: "O que aconteceria se apenas uma mulher contasse a verdade sobre a sua vida? O mundo se cindiria". O que aconteceu quando muitas mulheres contaram a verdade sobre as suas vidas? O próprio silêncio se tornou um tema fundamental.

Em 1977, Audre Lorde apresentou à Associação da Linguagem Moderna uma palestra fundamental e um ensaio tratando conjuntamente de raça, gênero e orientação sexual, "A transformação do silêncio em linguagem e ação" (publicado em 1984). É um ensaio curto, denso, aforismático, com certa premência própria dos manifestos:

Os meus silêncios não me protegeram. O silêncio de vocês não as protegerá. Mas, em cada palavra efetivamente dita, para cada tentativa minha de dizer essas verdades que ainda estou procurando, estabeleci contato com outras mulheres enquanto examinávamos as palavras que coubessem num mundo em que todas nós acreditávamos, superando as nossas diferenças. E foi o cuidado e a atenção de todas essas mulheres que me deram força.

Lorde mostrou que romper o silêncio era um gesto não só de coragem, mas também de criação: "Quais são as palavras que vocês ainda não têm? O que vocês precisam dizer? [...] Cada uma de nós está aqui e agora porque temos, de uma ou de outra maneira, um compromisso com a linguagem e com sua força e com a retomada daquela linguagem que foi usada contra nós".

Em 1978, Michelle Cliff, nascida na Jamaica, publicou "Notas sobre a ausência de fala", que abordava a questão tanto de evitar como de explorar verdades difíceis. "O retraimento e o humor são, ambos, tipos de ausência de fala. O obscurecimento e a trivialização do que é real também são ausência de fala." No texto, ela falava de pesadelos, escrevia em fragmentos, tratava de si mesma, mas também de história política e literária, revelava-se lésbica e expunha a farsa que era fazer-se de hétero, mais um rodeio evitando a verdade. Cliff conclui o ensaio dizendo que tentará eliminar o que a eliminou: "Isso significa nada mais, nada menos que procurar minha própria linguagem. Isso pode ser o que as mulheres farão".

Sua amante e companheira, Adrienne Rich, deu a um dos seus livros de poemas o título de *The Dream of a Common Language* [O sonho de uma linguagem comum]. O poema principal nesse livro é "Cartografias do silêncio", que inicia com "Uma conversa começa/ com uma mentira" e fala do "grito de uma voz ilegítima". No final do longo poema, a verdade irrompe como uma coisa que acaba de brotar, verdejante. Muitas mulheres que falaram sobre o silêncio eram lésbicas, como Griffin e Rich; algumas também eram negras, como Cliff e Lorde. Embora a "intersecionalidade" seja um termo de difusão recente, essas mulheres entenderam o que significa operar numa ou em várias interseções. O livro de Rich saiu um ano antes do ensaio de Cliff; pela primeira vez em sua extensa obra, há poemas de amor lésbico.

Dois anos depois, em 1979, Rich publicou a antologia de ensaios *On Lies, Secrets, and Silence* [Sobre mentiras, segredos e silêncio], em que consta seu comentário sobre "Um teto todo seu", de Virginia Woolf. Em outra passagem do livro, ela escreve:

> Acredito que qualquer mulher para a qual o rompimento feminista do silêncio foi uma força transformadora também pode rever uma época em que os contornos tênues e improváveis de perguntas que não podiam ser feitas, agitando-se em suas células cerebrais, desencadearam um choque de reconhecimento diante de certas linhas, expressões, imagens, na obra desta ou daquela mulher, morta tanto tempo atrás, cuja vida e experiência conseguia imaginar apenas de maneira muito vaga.

Agora se faziam perguntas que antes não podiam ser feitas. Em 1980, Rich ampliou sua crítica com o ensaio fundamental "Heterossexualidade compulsória e existência lésbica", examinando como a identidade e a atividade de uma parcela significativa de mulheres eram subestimadas ou excluídas, e como isso distorcia as possibilidades de vida e de entendimento de todas nós. Comenta, a propósito de um livro feminista muito popular na época, que ele "ignora, especificamente, a história das mulheres — como bruxas, *femmes seules*, contrárias ao casamento, solteironas, viúvas autônomas e/ou lésbicas —, que conseguiu em vários níveis gerenciar para que não colaborassem. É precisamente essa história, com a qual as feministas têm tanto a aprender, sobre a qual se estende todo essa cobertura de silêncio".

Rich foi uma grande exploradora. Questionou a heterossexualidade como norma:

> A suposição de que "a maioria das mulheres é congenitamente heterossexual" representa um obstáculo teórico e político para muitas mulheres [...]. Falhar em examinar a heterossexualidade como instituição é como falhar em admitir que o sistema econômico chamado capitalismo ou o sistema de castas do racismo é sustentado por várias forças.

Ela expõe como a própria vida das lésbicas foi silenciada, junto com a possibilidade de que a heterossexualidade não seja natural, "mas algo que teve de ser imposto, controlado, organizado, propagandeado e mantido pela força". Construía-se uma nova cidade de ideias e possibilidades, como uma cidade concreta, graças a uma somatória de projetos, trabalhos, decisões e desejos, e as mulheres ali estavam instalando sua residência.

O feminismo dos anos 1970 é repleto de alegria e ardor pelo reconhecimento, assim como do poder que vem com ele, ainda que de coisas terríveis. O que pode ser reconhecido pode ser remediado ou combatido. No terceiro romance da sua Série Napolitana, Elena Ferrante narra a surpresa da protagonista quando descobre a análise feminista nos anos 1970: "Como é possível, me perguntei, que uma mulher saiba pensar assim? Trabalhei muito nos livros, mas sempre me submeti a eles, nunca os utilizei realmente, nunca os voltei contra si mesmos". Ela enxerga pela primeira vez como o mundo poderia ser, visto sem os pressupostos que circunscreviam o campo de possibilidades para si mesma, para o seu gênero e a sua linguagem.

Algumas feministas daquela época, em particular Catherine MacKinnon e Andrea Dworkin, manifestaram-se contra uma forma de linguagem e representação — a pornografia — por contribuir para a sujeição das mulheres. O trabalho delas levou a passeatas, manifestações, ações judiciais e proibições que foram derrubadas em nome da livre expressão. Outras participantes do movimento defendiam a pornografia, em si mesma ou como livre expressão. (O nome contestador da revista *Off Our Backs* [Sai de cima] foi satirizado pela revista erótica lésbica *On Our Backs* [Vem pra cima]). As feministas antipornô foram muito difamadas e também descartadas com desdém como dogmáticas com argumentos puritanos, um obstáculo para a libertinagem libertadora.

Era mais complicado do que isso (e a posição de que a pornografia misógina pode encorajar e moldar a misoginia efetiva apenas requer que você aceite a ideia bastante razoável de que as representações têm poder e influência). Como ocorre com o atual assédio pela internet, a questão levantada foi em que consiste o direito de livre manifestação, quando algumas manifestações se destinam a esmagar o direito e a capacidade alheia de falar e ser ouvido.

Susan Griffin, em *Pornography and Silence*, de 1981, apresentou um argumento original: que a pornografia *mainstream* podia ser vista não como um discurso libertador, como vozes livres que devem ser ouvidas, e sim como um tipo específico de repressão. Segundo Griffin, "a pornografia é uma expressão não de desejo e erotismo humano, não de amor pela vida do corpo, e sim de um medo do conhecimento carnal e de um desejo de silenciar o eros". Para ela, a pornografia não era erótica — se erótico significava a experiência plena e aberta do corpo, do eu, das emoções e do outro —, mas seu contrário, cheio da "metafísica do cristianismo [...] um edifício moderno construído no lugar das antigas catedrais, utilizando os mesmos alicerces".

Esses alicerces incluem a repulsa pela carne, a fúria no desejo e uma projeção desse desejo e dessa fúria sobre as mulheres. "Veremos que 'a mulher' na pornografia, como 'o judeu' no antissemitismo e 'o negro' no racismo, é simplesmente uma parte perdida da alma, aquela região do ser que a mente pornográfica ou racista quer esquecer e negar." Desde então, a obra de Griffin tem procurado o oposto: lembrar, admitir, ampliar os espaços em que podemos ser, sonhar, pensar, amar e celebrar o erótico e o sensual.

O debate sobre a pornografia nunca se interrompeu. Em 1993, a filósofa Rae Langton abordou o tema num admirável e rigoroso ensaio, "Speech Acts e Unspeakable Acts" [Atos de fala e atos indizíveis]. Em sua investigação e análise, lança luz em áreas muito além da pornografia. Ela começa transferindo o foco da discussão do conteúdo da fala para o que ele faz, qual é o seu poder. Destaca que é com a linguagem que casamos, votamos, emitimos veredictos, damos ordens — ou não, se não tivermos o poder para isso. Um senhor, ao dizer a um escravo "Quero comida", está dando uma ordem; o escravo, ao dizer as mesmas palavras, está fazendo um apelo; o poder de cada qual tem tudo a ver com o que suas palavras significam e fazem. Ou não podem fazer.

Langton sustenta que a pornografia porta autoridade também como instrução, não só como entretenimento. Ela cita provas sugerindo que uma grande porcentagem de meninos e rapazes considera a satisfação dos homens como um direito, e os direitos das mulheres como um detalhe que não vem ao caso, além de estatísticas sobre o estupro pelos namorados e homens que consideram erótico as mulheres sentirem dor, e relaciona essas coisas com a cultura pornográfica. Ela destaca três espécies de silêncio. O primeiro é o silêncio literal da intimidação ou da derrota. O segundo é quando o falante não tem ouvinte, não tem resposta. E conclui: "Se a pornografia silencia as mulheres, ela impede que as mulheres façam coisas com suas palavras".

A terceira espécie de silêncio "ocorre quando a pessoa fala, enuncia palavras e não consegue […] realizar a ação que pretende". Essa ação é o proibir, o dizer não. "É de fato possível silenciar alguém […] tornando seus atos de fala indizíveis […]. Considere-se o enunciado 'não'. Todos nós sabemos como fazer coisas com essa palavra. No entanto, em contextos sexuais acontece algo estranho. Às vezes, uma mulher tenta usar a palavra 'não' para recusar relações sexuais, e não funciona. A recusa — em tal contexto — se tornou indizível para ela. Nesse caso, a recusa não é apenas malograda, mas impossibilitada." Ela examina as ramificações. "Alguém que aprenda as regras do jogo com esse tipo de pornografia pode nem sequer reconhecer uma tentativa de recusa."

Em seu livro *Girls and Sex* [Garotas e sexo], de 2016, Peggy Orenstein confirmou esse apagamento da voz, escrevendo:

Em um estudo de comportamentos na pornografia popular, quase 90% das 304 cenas aleatórias continham agressões físicas a mulheres, que quase sempre reagiam de forma neutra ou com prazer. De maneira mais insidiosa, às vezes as mulheres rogavam ao parceiro que parasse, então acediam e começavam a gostar da atividade, por mais dolorosa ou degradante que fosse.

Em outra passagem, ela nota:

Observou-se repetidamente que os estudantes universitários de ambos os sexos que informam o uso recente de pornografia têm mais probabilidade do que os outros de acreditar em "mitos do estupro", isto é, que apenas desconhecidos cometem ataques sexuais ou que a vítima "estava pedindo" […]. As usuárias de pornografia têm menos probabilidade do que outras em intervir quando veem outra mulher sendo ameaçada ou atacada e demoram mais a reconhecer quando elas mesmas estão correndo perigo.

Ou seja, a pornografia passou a servir de instrução para as mulheres, e não só para os homens, e as instruções podem torná-las surdas às vozes das mulheres, e até a suas próprias vozes. O silêncio anda por muitas avenidas.

Às vezes imagino a pornografia como um universo paralelo de compensação, em que o privilégio masculino aumentou e no qual se exerce continuamente uma vingança contra o poder feminino. (Vários anos atrás, Sam Benjamin escreveu sobre a sua carreira como jovem diretor na capital da pornografia *mainstream*, o Vale de São Fernando: "Embora minha tarefa explícita fosse garantir que as garotas ficassem nuas, minha verdadeira responsabilidade como diretor era garantir que as garotas fossem punidas".) A quantidade imensurável de pornografia atualmente existente assume inúmeras formas, e sem dúvida existem muitas exceções. Mas o produto *mainstream* parece consistir mais na erotização do poder do que no poder do erotismo. Muita pornografia apresentada como heterossexual tem um homoerotismo do triunfo masculino; é como um esporte cuja excitação consiste na derrota constante das mulheres.

O silêncio e a vergonha são contagiosos; a coragem e a fala, também. Mesmo agora, quando as mulheres começam a falar de suas experiências, vêm outras em apoio e partilham as suas próprias. Derruba-se um tijolo, depois outro; a represa rompe, as águas se precipitam. Nos anos 1970 e 1980, foi enorme o impacto prático causado pelas mulheres contando os abusos sofridos na infância e os assédios e ataques vividos quando adultas. As leis e suas respectivas aplicações mudaram. Mas essas histórias também constituíam um ataque à impunidade da autoridade, muitas vezes indissociável do patriarcado. Essas histórias diziam que a autoridade não era necessariamente confiável, que o poder estava sujeito a abusos.

Tais histórias fizeram parte da grande revolta antiautoritária que às vezes é designada como *os anos 60*, embora *os anos 60* não raro se reduzam a rapazes brancos ou a universitários se insuflando contra alguma guerra, sem reconhecer a amplitude de diversos movimentos — pelos direitos civis e pela justiça racial, incluindo não os só grupos negros, mas também latinos, asiáticos e indígenas americanos, pelos direitos de gays e lésbicas, pelos direitos dos portadores de necessidades especiais e pelas críticas ambientais, anticoloniais e anticapitalistas — que mudaram as bases dos nossos diálogos. Era como a redistribuição de riquezas, mas, no caso, era uma redistribuição de audibilidade, credibilidade, valor, participação, poder e direitos. Foi um grande nivelamento, que ainda está em curso — com retrocessos tentando empurrar as pessoas de volta ao silêncio de onde saíram.

Em algum momento da década de 2010, iniciou-se uma nova rodada de conversas feministas, em parte como reação às atrocidades e ao rompimento do silêncio sobre elas, entre as quais o estupro nas universidades (graças às pessoas responsáveis pela organização dos campi, muitas das quais são, elas mesmas, sobreviventes de estupros). Uma série de histórias ganhou atenção em escala quase inédita, e a interseção de uma mídia *mainstream* menos misógina e as feministas na mídia alternativa e nas redes sociais gerou uma nova conversa de grande intensidade.

Em várias ocasiões nos últimos anos, houve casos notáveis de violência de gênero — o massacre de Isla Vista em Santa Barbara, os ataques de Ghomeshi no Canadá, a violência doméstica praticada pelo jogador de futebol americano Ray Rice em Nova Jersey, o caso do estupro em Stanford — que levaram as mulheres a publicar suas histórias nas redes sociais. Algumas simplesmente compartilham as hashtags: *#yesallwomen*, *#whyIstayed* e *#whyIleft*, sobre violência doméstica; *#ibelieveher*, em apoio às vítimas de Ghomeshi; *#iwasrapedtoo*, em reação ao caso de Stanford em

2016; *#notokay*, identificada em mais de 27 milhões de tuítes de mulheres contando suas histórias pessoais sobre os ataques sexuais que sofreram, em reação ao vídeo do candidato presidencial Donald Trump falando em agarrar as mulheres "pela xoxota".*

Às vezes, havia homens participando do compartilhamento das hashtags ou apoiando as depoentes. Como será exposto mais adiante neste livro, a presença de homens falando ativamente e agindo em favor do feminismo e dos direitos das mulheres foi um dos avanços dos últimos anos (embora também tenham surgido muitos recuos). As redes sociais também se tornaram palco de campanhas furiosas para silenciar as mulheres que denunciavam a misoginia e a violência contra as mulheres, e o Twitter, em particular, tolerou amplas campanhas de estupro e ameaças de morte. Converteu-se numa nova plataforma, tanto para romper o silêncio quanto para impô-lo com ameaças e intimidações. "O assédio on-line se tornou o equivalente intelectual do assédio de rua", disse a crítica da mídia Jennifer Pozner depois que a atriz negra Leslie Jones foi assediada, insultada e forçada a deixar o Twitter. "É a tentativa de policiar e punir as mulheres por estarem num espaço público. São homens e garotos dizendo: 'Não entre no meu parquinho'."

Mesmo o *Guardian* fez um balanço da sua virulenta seção de comentários em 2016 e informou que oito dos seus colunistas mais atacados eram mulheres, dois eram homens negros, e a mais atacada de todas era a feminista Jessica Valenti. Essa campanha recente de silenciar as mulheres on-line está longe de acabar, embora muitas coisas sugiram que se trata de uma resistência, uma tentativa de fazer retroceder o que avançou, de silenciar o que se tem ouvido.

---

* No Brasil, tivemos um movimento semelhante com as hashtags *#naomerecoserestuprada*, *#meuprimeiroassedio* e *#meuamigosecreto*, que tem dominado as redes sociais nos últimos anos. (N. E.)

* * *

Sempre há algo não dito e ainda por dizer, sempre há uma mulher lutando para encontrar palavras e vontade de contar sua história. Todos os dias, cada uma de nós inventa o mundo e o eu diante desse mundo, abre ou fecha o espaço para outros dentro dele. O silêncio está sendo incessantemente rompido e então, como onda encobrindo as pegadas, os castelos de areia, as algas e as conchas lavadas, o silêncio ressurge.

Em parte, construímo-nos a partir das nossas histórias sobre nós mesmas e o nosso mundo, juntas e separadas. A grande experiência feminista de refazer o mundo refazendo nossas ideias de gênero e instigando quem tem o direito de romper o silêncio tem tido imenso sucesso e ainda continua extremamente incompleta. Desfazer as estruturas sociais de milênios não é obra de uma geração ou de algumas décadas, mas um processo de criação e destruição de escala épica e execução muitas vezes encarniçada. É um trabalho que envolve os mais ínfimos gestos e contatos cotidianos, a transformação das leis, das convicções, da política e da cultura em escala nacional e internacional; muitas vezes tal transformação surge do impacto cumulativo daqueles gestos mínimos.

A tarefa de chamar as coisas pelos seus verdadeiros nomes, de contar a verdade da melhor forma possível, de saber como chegamos aqui, de ouvir especialmente os que foram silenciados no passado, de ver como as inúmeras histórias se encaixam e se separam, de usar qualquer privilégio que possamos ter recebido para acabar com os privilégios ou para ampliar seu escopo, tudo isso é tarefa nossa. É assim que construímos o mundo.

Um ano de insurreição
(2014)

Esperei a vida inteira pelo que 2014 trouxe. Foi um ano de insurreição feminista contra a violência masculina: um ano de recusa crescente em guardar silêncio, recusa em deixar que as nossas vidas e tormentos fossem apagados ou desconsiderados. Não foi um tempo de harmonia, mas muitas vezes a harmonia se dá às custas da supressão daqueles que têm algo a dizer. Foi um tempo ruidoso, discordante e talvez transformador, porque foram ditas coisas importantes — não necessariamente novas, mas faladas com mais ênfase, por um maior número de mulheres, e ouvidas como nunca antes.

Foi um ano divisor de águas para as mulheres e para o feminismo, por não aceitarmos a epidemia de violência contra as mulheres — os estupros, os assassinatos, os espancamentos, os assédios nas ruas e as ameaças on-line. As vozes das mulheres alcançaram um poder que parecia sem precedentes, e toda a conversa mudou. Houve avanços concretos — como a lei de consentimento sexual nas universidades da Califórnia, "Sim significa sim" —, mas essas mudanças foram uma consequência relativamente pequena da imensa mudança na consciência coletiva. Os problemas não eram simplesmente legais — por exemplo, havia leis contra o espancamento da esposa desde o século XIX, raramente aplicadas até o final dos anos 1970 e que ainda hoje não conseguem conter a epidemia de violência doméstica. O problema fundamental é cultural. E a cultura — muitas culturas, em todo o mundo — está começando a mudar.

Podemos pensar o ano de 2014 quase como uma paródia daqueles pequenos calendários com a flor ou a pedra preciosa do mês. Janeiro não foi de rubis; foi, finalmente, de falar sobre as ameaças on-line e sobre o depoimento de Dylan Farrow, contando que seu pai adotivo a molestara aos sete anos de idade. A conversa de abril foi sobre o sequestro de alunas nigerianas e um multimilionário do Vale do Silício flagrado em vídeo espancando a namorada. Maio não foi de esmeraldas; foi do massacre de seis pessoas em Isla Vista, na Califórnia, cometido por um jovem misógino, e do nascimento do *#yesallwomen*, talvez o maior catalisador num ano de vigorosos protestos on-line sobre as mulheres e a violência.

Setembro não foi de turmalinas; foi da liberação de um vídeo que mostrava o jogador de futebol americano Ray Rice nocauteando a noiva no elevador e da retomada do debate público sobre a violência doméstica, acompanhado das hashtags *#whyileft* e *#whyistayed*. Outubro trouxe, por fim, uma conversa substancial sobre o assédio nas ruas e uma reação maciça às denúncias de quinze mulheres sobre os ataques que sofreram do locutor de rádio mais famoso do Canadá, Jian Ghomeshi.

Nem todas as denúncias citadas acima foram comprovadas. Mas, em alguns casos, crimes que raramente ou nunca recebiam muita cobertura — ou que eram tratados como episódios isolados, ou minimizados das mais variadas formas — finalmente passavam a ser reconhecidos como parte de um padrão de violência que constituía uma verdadeira crise social. O número de mulheres falando e sendo ouvidas era suficiente para impedir que os velhos problemas fossem desconsiderados. Assim é que se amplia o círculo de quem tem direitos e de quem é ouvido, e, embora não sejam exatamente os mesmos, são inseparáveis.

Em *Wanderlust*, meu livro sobre a história da caminhada, relatei minha experiência quando jovem:

> A descoberta mais devastadora da minha vida foi que eu não tinha nenhum direito real à vida, à liberdade e à busca da felicidade fora de casa, que o mundo estava cheio de desconhecidos que pareciam me odiar e queriam me fazer mal só por causa do meu gênero, que o sexo se convertia prontamente em violência e que quase ninguém considerava o fato como um assunto público, e não um problema privado.

Aconselharam-me a modificar ou limitar minha própria vida — em vez de dizer que aquilo estava errado e devia mudar.

Era e ainda é uma espécie de estrutura culpar a vítima, essa insistência para que as mulheres modifiquem seu modo de estar presente no espaço público ou simplesmente desistam e fiquem em casa, em vez de transformarmos o espaço público (ou os homens) para que as mulheres tenham o direito de andar na rua sem sofrer assédio. Essa mesma culpabilização é aplicada às mulheres em quase todas as situações em que sofrem ataques de homens, como forma de não culpar os homens. Se estou entusiasmada neste ano em que li transcrições de julgamentos por estupro; depoimentos de vítimas; relatos de assassinatos, espancamentos e ameaças; tuítes de estupros e comentários misóginos numa quantidade provavelmente maior do que em todos os meus anos de vida somados, é porque a violência contra as mulheres agora é uma questão pública. Até que enfim.

ESPERANDO O DIVISOR DE ÁGUAS

Por que essa questão finalmente veio a público? Por que uma coisa tolerada por tanto tempo se tornou intolerável — ou melhor, por que as pessoas para as quais ela é intolerável finalmente estão participando da conversa? Por que é possível falar sobre o que foi por tanto tempo calado, ocultado, trivializado e desconsiderado? Esperei por décadas.

Em junho de 1994, quando Nicole Brown Simpson e Ronald Goldman foram encontrados mortos e o extenso histórico de espancamento e perseguição do ex-marido dela foi revelado, tive a esperança de termos uma verdadeira conversa sobre a violência doméstica e a misoginia (que muitas vezes resulta na morte colateral de amigos, parentes, colegas de trabalho e outros, e é um grande fator nos massacres nos Estados Unidos). Mas O.J. Simpson contratou um esquadrão inteiro de advogados poderosos, que o apresentaram como vítima. E aí o racismo, a corrupção e a incompetência da polícia e do judiciário de Los Angeles o absolveram, apesar de um volume descomunal de provas contra ele. (Mais tarde, Simpson foi considerado responsável pelos assassinatos num processo civil.)

Ao longo de todo o julgamento transmitido pela televisão, que se arrastou por quase um ano, houve pouco debate público sobre a violência doméstica. Como disse uma advogada após o julgamento:

> Houve alguns comentários de jurados após o veredito que diziam: "Por que eles ficaram falando de violência doméstica quando é um caso de assassinato?". Quando percebi que os jurados não entendiam a ligação entre violência doméstica e homicídio e não sabiam por que lhes estavam descrevendo a violência doméstica, percebi que estávamos falhando na tarefa de fazer as pessoas entenderem que este é um desfecho muito comum.

Em termos globais, 38% de todas as mulheres assassinadas são mortas pelos seus parceiros íntimos, segundo um estudo recente da Organização Mundial da Saúde.

Quatro anos depois, em 1998, o assassinato de Matthew Shepard em Laramie, Wyoming, chamou a atenção mundial para a homofobia (embora se tenha questionado mais recentemente se o assassinato de Shepard foi motivado por sua orientação sexual). Um ano antes, uma garota de quinze anos chamada Daphne Sulk foi encontrada morta próximo a Laramie — nua, espancada com um cassetete e esfaqueada dezessete vezes. Um homem de 38 anos, que fora seu amante (ou molestador; ela ainda não tinha idade para dar consentimento), foi condenado por homicídio voluntário — não assassinato — um pouco antes da morte de Shepard. Não houve nenhuma indignação nacional com o assassinato de Sulk, nem com o estupro e assassinato de uma menina de Laramie, com oito anos de idade, Christin Lamb, naquele verão.

Essas três mortes foram monstruosas, mas duas não eram exatamente novidade: a mesma coisa de sempre, como muitos milhares de outros crimes violentos contra mulheres. Se chegavam a ser abordados para além das páginas internas de um jornal, eram tratados como episódios isolados — crimes de indivíduos que eram aberrações. Havia a cobertura inflamada de assassinatos de meninas e mulheres brancas, mas nunca o tipo de indignação que se viu naquele ano — a afirmação pública de que isso faz parte de um padrão, e que o padrão precisa mudar.

É sempre um tanto misteriosa a razão pela qual um episódio específico torna-se a gota d'água: por que foi o suicídio de Mohammed Bouazizi na Tunísia, no final de 2010, que desencadeou a Primavera Árabe, e não outra coisa; por que a morte de Michael Brown em Ferguson, no Missouri, desencadeou meses de protestos por todo o país, como nunca acontecera antes nos casos de jovens negros mortos pela polícia. É o rompimento da tensão acumulada, o esgotamento da paciência, obra da raiva do modo como as coisas são e da esperança de que pode, deve existir algo melhor. Moro num país sujeito a terremotos, e aqui sabemos que o abalo súbito vem precedido por anos, decênios ou séculos de tensão. Mas isso não significa que sabemos quando vai ocorrer um terremoto.

Na violência contra as mulheres, o longo silêncio foi rompido no final de 2012 com três histórias: o ataque sexual de um grupo de secundaristas contra uma menor inconsciente em Steuvenville, Ohio; a inédita revelação pública de Angie Epifano, estudante no Amherst College em Massachusetts, de ter sido estuprada e de ter sido essencialmente punida por denunciar o fato, enquanto o agressor saía impune; e o ataque a uma moça num ônibus de Nova Délhi, um estupro tão brutal que a vítima morreu por causa das lesões. Por que o terremoto veio nessa hora? Vejo várias razões.

O mundo em que ocorreram esses episódios já tinha mudado. Graças ao trabalho pioneiro de gerações anteriores, as vozes feministas sobre questões essenciais se tornaram normais e mais ou menos *mainstream*. Elas aparecem em jornais e revistas importantes, e não apenas na mídia feminina ou em pequenos sites progressistas. E isso criou um baluarte que muitas vezes é capaz de resistir à descaracterização, à trivialização e ao silêncio sobre questões de interesse para as mulheres.

Outro fator é o surgimento das redes sociais. A internet é um local estranho, onde grassam *trolls*, misóginos e pregadores do ódio, desde 4chan, Reddit e sites de *revenge porn* até a falsa indignação e o verdadeiro ódio de GamerGate. O Twitter se tornou o sistema de entrega em domicílio mais eficiente para ameaças de estupro e morte, visando silenciar e intimidar as mulheres que se manifestam. Mas, pelo lado positivo, as redes sociais são o que os usuários fazem delas, e desde a Primavera Árabe a essa insurreição feminista, as ativistas criaram uma espécie de coro grego para os dramas das nossas vidas e do nosso mundo.

Às vezes, em grandes manifestações políticas — contra a guerra no Iraque no começo de 2003, por exemplo — os milhares de cartazes com frases, trocadilhos e fatos escritos à mão, apesar de toda a sua concisão, constituem uma crítica cumulativa que abrange inúmeros ângulos. As redes sociais podem fazer a mesma coisa, construindo argumentos a cada comentário, questionando, testando, reforçando e divulgando os argumentos mais extensos em blogs, ensaios e matérias. É como um mutirão de ideias: inúmeras pessoas trazem suas experiências, percepções, análises, concepções e novas terminologias. Estas então se tornam parte da vida cotidiana e, quando isso acontece, o mundo muda. Aí, o que antes era uma ideia radical passa a estar de tal forma entrelaçado na vida cotidiana que as pessoas imaginam que é algo evidente por si só, e que todo mundo sempre soube. Mas não; é resultado de uma luta — uma luta de ideias e vozes, não de violência.

O momento mais transformador que presenciei nesse ano foi após o tiroteio em série de Isla Vista — lembram, foi aquele episódio em que um rapaz envenenado pela misoginia "do conquistador", possuído pela ideia de que todas as mulheres lhe deviam o que ele bem quisesse e que tinha o direito de impor uma punição coletiva ao gênero, matou seis, feriu catorze pessoas e então se matou. Ele começou massacrando integrantes de uma república universitária feminina, mas acabou matando quem aparecia pela frente, inclusive outros homens. Muita gente na mídia *mainstream* se apressou em dizer que era um episódio isolado, devido a algum distúrbio mental, mas então se ergueu o enérgico revide de vozes individuais vigorosas e um grande protesto coletivo nas redes sociais, insistindo que fazia parte de um padrão de matança em massa e violência misógina.

O feminismo conseguiu estruturar o caso. Uma moça cunhou a hashtag *#yesallwomen* e por algum tempo ficou acuada, obrigada ao silêncio e à invisibilidade, mas o que ela começou foi irrefreável.

Mulheres começaram a contar suas histórias de assédios, ameaças, violência e medo, fortalecendo suas vozes mutuamente. A mudança começa pelas margens e avança para o centro; as redes sociais tornaram as beiradas mais fortes e o avanço das margens para o centro mais rápido — ou talvez tenham até borrado essa distinção, já que às vezes a mídia *mainstream* corre para pegar um debate público vibrante na mídia alternativa e nas redes sociais.

O debate público sobre a violência contra as mulheres começara a mudar: de repente, o mundo estava falando sobre a frequência com que ocorre a violência e quais as desculpas inventadas para ela, conclamando os homens que estavam mais preocupados em se desculpar do que em resolver a violência. (Foi por isso que o refrão ofendido deles, "Nem todos os homens" [*not all men*] — como em "nem todos os homens são estupradores" — foi convertido em *#yesallwomen*, como em "sim, todas as mulheres têm de lidar com o estupro de uma maneira ou de outra".)

Muitos homens que dedicaram tempo a ouvir o que as mulheres estavam dizendo — nas redes sociais e em outros lugares — perceberam pela primeira vez o que elas por muito tempo vinham suportando. E a presença de homens ativamente engajados foi outro sinal do que parece ter sido inédito e transformador nesse ano — o que é fundamental, pois mudar o mundo para as mulheres significa mudar o que é aceitável e admirável para os homens, entre os quais, em alguns círculos, o comportamento misógino tem sido por muito tempo motivo de orgulho. Alguns homens escreveram publicamente que tinham entendido os tipos de hostilidade e perigo que as mulheres enfrentam e ficaram muito chocados ao se deparar finalmente com a questão. Durante décadas, o feminismo foi tido como trabalho das mulheres, embora seja impossível diminuir o sexismo sem envolver os homens, assim como é impossível que as pessoas não brancas combatam o racismo sem a participação de gente branca.

DEPOIS QUE AS REGRAS MUDAM

O melhor sinal de quanto as mudanças na conversa transformaram as regras em 2014 é o tratamento dado às alegações contra Bill Cosby e às denúncias contra o radialista canadense Jian Ghomeshi, no final do mesmo ano. Os dois pareciam pensar que as velhas regras ainda se aplicavam, mas descobriram que o mundo mudara desde a última vez que tinham olhado. Vê-los tentando afastar as várias denúncias contra eles era como ver um bonequinho de corda chegando à parede; as rodas giravam, mas não iam a parte nenhuma.

Ghomeshi foi demitido da CBC (Canadian Broadcasting Corporation) em outubro de 2014, por assédio sexual no local de trabalho. Ele entrou com uma ação por demissão sem justa causa, exigindo 55 milhões de dólares canadenses, para a qual contratou uma empresa de relações públicas muito badalada. Lançou com grande alarde um ataque preventivo contra possíveis denunciantes numa longa postagem no Facebook, de ampla circulação, que dizia: "Fui demitido da CBC pelo risco de que a minha vida sexual privada se tornasse pública em decorrência de uma campanha de falsas alegações, conduzida por uma ex-namorada em quem dei o fora e por uma escritora freelancer". Alegou que a escritora e a ex-namorada estavam distorcendo suas atividades sexuais plenamente consensuais na intenção de prejudicá-lo, e que estava sendo atacado por fazer parte de uma minoria sexual, afeita ao sadomasoquismo. Em outras palavras, a vítima era ele. O tiro saiu pela culatra.

A própria linguagem serviu de alerta para alguns leitores, pois a caricatura da mulher pérfida e vingativa que mente só para criar encrenca para os homens é, talvez, o estereótipo mais batido do mundo. É uma tática essencial na rotina de desacreditar as mulheres que relatam os ataques que sofreram. O gesto público de Ghomeshi levou o *Toronto Star* a publicar uma matéria baseada no depoimento de quatro mulheres sobre atividades que não eram consensuais nem convencionalmente sexuais (mas que pareciam excitar Ghomeshi). Alegaram que ele as agredira de maneira súbita e brutal. As mulheres preservaram o anonimato, pois sabiam que seriam atacadas, e, num primeiro momento, suas declarações foram amplamente criticadas.

As consequências de levar as alegações a público costumam ser desagradáveis. A necessidade de contar a própria história ou o desejo de justiça são motivos capazes de vencer essa relutância. No caso de Ghomeshi, outras mulheres se apresentaram, cinco logo a seguir e depois várias outras. A mais notável foi talvez a respeitada atriz e capitã da Royal Canadian Air Force Lucy DeCoutere, a primeira, mas de forma nenhuma a última, a vir a público: "De repente ele me sufocou e me esbofeteou algumas vezes", disse ela sobre uma ocorrência de 2003. "Foi totalmente desconcertante porque nunca ninguém me batera no rosto. Não é agradável se sentir sufocada e aquilo surgiu do nada. Não foi provocado." Àquela altura, oito mulheres haviam dito que tinham sido asfixiadas e espancadas, e que a violência não era um jogo sexual consensual. Pelos relatos dessas mulheres, Ghomeshi gostava de estrangular e espancar as mulheres contra a vontade delas, o que fazia com frequência.[1]

Muitos agressores pensavam que sempre se safariam porque as vítimas não tinham voz nem credibilidade ou porque conseguiriam invalidá-las ou, ainda, silenciá-las pelo terror. Que essas regras tenham, em alguns casos, passado por certas alterações foi algo que deixou alguns agressores visivelmente perplexos.

---

[1] Em março de 2016, Ghomeshi foi absolvido de quatro acusações de agressão sexual e uma de estrangulamento. No julgamento, o advogado de Ghomeshi intimidou as vítimas e o juiz as acusou de mentirem ou de ocultarem provas. Ghomeshi evitou um segundo processo por agressão sexual assinando um termo de compromisso de bom comportamento.

A crença de ser o único com direito a ser ouvido, a receber crédito e ser respeitado tem silenciado inúmeras mulheres que podem nunca serem ouvidas, nos mais variados casos. Pois, quando essas histórias vêm à luz, é preciso lembrar quantas nunca serão reveladas — os casos em que as vítimas morreram em silêncio, como tem acontecido ao longo das gerações, ou ainda não encontraram uma arena em que ousem falar, ou falaram e, por isso mesmo, só foram motivo de escárnio, vergonha ou ataque. DeCoutere observou: "No mês passado, houve uma grande mudança no debate sobre a violência contra as mulheres. Tem sido um período doloroso e opressivo para muita gente, inclusive eu mesma, mas também muito inspirador. Espero que as vozes das vítimas continuem a ser ouvidas e que este seja o começo de uma mudança tão desesperadamente necessária".

As alegações contra Cosby ficaram no ar durante anos, até décadas. Uma ação civil em 2005 reunira quinze mulheres que o acusavam de agressão sexual, mas a reclamante fez um acordo extrajudicial e a cobertura do caso foi modesta. A maioria de suas supostas vítimas tinha mantido silêncio. Barbara Bowman, que informa ter sido drogada e estuprada por Cosby em 1985, quando tinha dezessete anos de idade, conta uma história típica:

> Uma amiga me levou a um advogado, mas ele me acusou de inventar a história. As reações descartando a questão destruíram qualquer esperança minha de conseguir ajuda; fui convencida de que ninguém me ouviria. Essa sensação de inutilidade foi o que, no fundo, me impediu de ir à polícia. Contei aos amigos o que havia acontecido e, embora se solidarizassem comigo, também não podiam fazer nada a respeito. Eu era uma adolescente de Denver trabalhando em comerciais do McDonald's. Ele era Bill Cosby: o perfeito pai americano Cliff Huxtable e o porta-voz da Jell-O. No fim, tive de seguir em frente com a minha vida e a minha carreira.

Suas supostas vítimas eram, na maioria, jovens e vulneráveis, vulnerabilidade esta formada pela falta de voz e de credibilidade que sempre afetou as mulheres.

Nesse outono, o comediante Hannibal Buress gritou para Cosby no palco: "É, mas você estupra mulheres, Bill Cosby, então modere um pouco o tom". Muita gente reclamou que teve de ser um homem a acusar Cosby para se desencadear uma reação — mas talvez Buress representasse algo mais, um homem que ouvia e acreditava nas mulheres e considerava importante o que acontecia com elas. Um amplo debate — abordando por que as mulheres não registram a ocorrência de estupro; como são desacreditadas, constrangidas, culpabilizadas, julgadas, retraumatizadas, como aconteceu com Bowman; como é raro que os estupradores sejam condenados — lançara as bases para que as pessoas entendessem que muito provavelmente essas mulheres estavam falando a verdade e que até então o mundo não lhes dera muito motivo para denunciarem.

Na verdade, não se trata de Cosby ou de Ghomeshi. Como dissemos, após o tiroteio em série de Isla Vista, os perpetradores de violências contra as mulheres não constituem exceções nem anomalias. São epidêmicos. Na melhor das hipóteses, esses casos envolvendo celebridades nos dão oportunidade de discutir o significado desses tipos de crimes, de investigar as questões sociais mais abrangentes e de mudar um pouco o quadro. As mulheres atacadas por celebridades importam. Também importam as indígenas dos Estados Unidos e do Canadá, que enfrentam índices excepcionalmente elevados de agressão sexual, estupro e assassinato; as mulheres estupradas nas universidades, estupradas nas Forças Armadas e nas prisões; as profissionais do sexo que enfrentam dificuldades extraordinárias quando são vítimas de agressão sexual. Também importam as mulheres que são estupradas por policiais, com inúmeros relatos e algumas condenações criminais recentes. Nesse ano, pelo menos algumas pessoas que acham que ir à polícia é uma boa solução talvez tenham aprendido que a polícia pode ser incrédula, indiferente, abusiva ou ineficiente. Apenas uma pequena porcentagem dos estupros é registrada nas delegacias, e apenas uma pequena porcentagem dos boletins de ocorrência resulta em condenação.

O que mais importa nos casos envolvendo celebridades não é tanto que um ou outro tenha de responder tardiamente por crimes passados. É a mensagem que esses casos transmitem: que a época da impunidade acabou; que no futuro não será tão fácil se safar dos crimes cometidos. Em outras palavras, o mundo mudou o suficiente para alterar a disparidade entre vítimas e perpetradores. Agora as mulheres têm voz.

DEPOIS DA VERGONHA

Nesse mês, uma gerente artística, conhecida minha, decidiu falar, 44 anos depois do ocorrido, como ela fora, aos dezenove anos, quase inerte por conta de uma overdose num hotel vagabundo, estuprada por um bando de homens aos quais pedira ajuda e, depois, humilhada por um médico que a culpou pelo acontecido. O médico lhe disse, relembra ela, que "eu não estava em posição de fazer nenhuma denúncia" e assim vieram quatro décadas de silêncio. O inverno deste ano lhe pareceu o momento certo para romper o silêncio.

A vergonha tem sido um enorme peso no silêncio das mulheres — e homens — que são vítimas de agressão sexual. A vergonha silencia e isola as pessoas, permite que os crimes continuem. A mídia, tradicionalmente, não revelava os nomes das vítimas de estupro para "protegê-las", mas essa tradição, ao mantê-las invisíveis, isoladas e silenciosas, tinha como efeito adicional reiterar que elas haviam passado vergonha. "Quem ia querer esses quinze minutos não de fama, mas de infâmia?", perguntou uma das denunciantes de Cosby, explicando por que não havia falado antes. O estupro é um ataque não só ao corpo, mas também aos direitos, à humanidade e à voz da vítima. O direito de recusar, de ter autodeterminação, é retirado; a vergonha perpetua esse silenciamento. A vergonha, diz um site para sobreviventes:

> envolve a destruição do respeito próprio, os esforços deliberados do atacante em obrigá-la a fazer coisas contra a sua vontade, em levá-la a se sentir suja, repulsiva e envergonhada. Os sentimentos de vergonha também podem afetar sua decisão de dar parte do crime à polícia ou de procurar auxílio [...]. Ela também pode achar que suas experiências sexuais anteriores e pormenores da agressão serão minuciosamente examinados.

"Ele disse/ela disse" é sempre para desacreditar "ela disse", como me falou outro dia um profissional universitário que lida com casos de agressão sexual. Funcionou bem até agora. Agora o jogo se inverteu. Quando as fotografias da atriz Jennifer Lawrence nua foram roubadas e divulgadas on-line, ela começou pela maneira habitual de se sentir envergonhada e se justificando, até que se revoltou e esbravejou: "Todos vocês que olharam essas fotos estão perpetuando um crime sexual. Deviam se encolher de vergonha". Uns dois meses depois, um californiano foi condenado a um ano de prisão por utilizar fotos nuas para vexar e humilhar sua ex-namorada na frente dos seus patrões e de outras pessoas; a Califórnia está entre os diversos estados que aprovaram leis contra o *revenge porn* desde que essa categoria surgiu.

Emma Sulkowicz, estudante de artes na Universidade Columbia em Nova York, depois de acusar um colega de estuprá-la em seu próprio dormitório, reagiu à falta de amparo legal ou institucional andando com seu colchão por onde fosse no campus — mas começou com uma reação mais convencional. Primeiro, ficou calada; depois, foi pedir à universidade que deliberasse sobre a questão, mas nem isso nem ir à polícia trouxeram alguma resposta que lhe parecesse significativa. Então recorreu à arte e, como disse uma colega, ela "rompeu a vergonha não só para si, mas para todas nós". Deve ser muito desagradável o sujeito descobrir que violentou uma artista brilhante que faz a partir disso uma performance pública sobre ele, atraindo a atenção internacional e ganhando amplo apoio.

A vergonha silenciava as pessoas, muitas vezes durante décadas ou pela vida inteira, e as isolava; falar cria comunidades e incentiva o ativismo. É difícil imaginar o gesto de desafio de Sulkowicz sem o extraordinário movimento contra o estupro nas universidades, incluindo sobreviventes do estupro universitário que se tornaram ativistas, como Andrea Pino e Annie Clark, e organizações como Safer (Students Active for Ending Rape, acrônimo que também significa Mais Seguras), que têm enfrentado universidades em todo o país. O lance genial de Sulkowicz foi dar materialidade a seu fardo, ao peso que carregava, criando assim algo que podia ser compartilhado por outras pessoas. A solidariedade tem desempenhado um grande papel nesse movimento feminista contra a violência.

No caso de Sulkowicz, era possível realmente carregar aquele colchão. No final de setembro, vi quando ela saía de um prédio da escola com um estudante loiro, de barba, a ajudá-la, até que apareceu um grupo de moças que se encarregou do colchão durante algumas horas. Ficaram segurando bem alto o grande colchão azul, como os carregadores de um caixão, durante algumas horas numa bela manhã de outono em Columbia, rindo e conversando como moças em qualquer lugar, mas também empenhadas numa firme solidariedade na forma de transportar esse símbolo de conflito pelas escadas e pelas calçadas. Sulkowicz fez do estupro um peso visível e, embora vá carregar seu colchão enquanto ela e seu suposto agressor estiverem na Universidade Columbia, está devolvendo a vergonha aos seus legítimos donos.

Num dos locais mais conservadores dos Estados Unidos, a cidade de Norman em Oklahoma, três alunas secundaristas denunciaram terem sido estupradas pelo mesmo colega. O suposto estuprador, como os secundaristas que haviam documentado sua agressão sexual a uma colega em Steubenville, Ohio, em 2012, e tantos outros, pôs em circulação um vídeo com a última dessas agressões em setembro de 2014. Em Norman, como em tantos casos anteriores em escolas secundárias, as supostas vítimas foram alvo de zombarias e provocações dos colegas, sem a proteção da direção, que lhes recomendou que deixassem a escola. Até aí, era parecido com inúmeros outros casos.

Então a onda virou: outro estudante, incomodado com o suposto estuprador expondo seus atos, gravou as bravatas dele que, na verdade, constituíam uma confissão, e em dezembro de 2014 o suposto estuprador foi indiciado pela polícia. Um grupo de mulheres, inclusive uma colega secundarista, Danielle Brown, abraçou a causa, criou a hashtag *#yesalldaughters* e exigiu providências da escola. Em 24 de novembro de 2014, centenas de estudantes saíram numa passeata de protesto, como parte de uma manifestação estimada em 1500 participantes. Talvez não precisemos mais ler e reler incessantemente a mesma história; talvez os rapazes deixem de pensar que esses crimes lhes dão prestígio ou que têm impunidade. Talvez a vergonha volte aos seus legítimos donos.

As histórias norte-americanas que estou contando aqui tratam de uma mudança no poder que, em parte, é uma mudança de papéis: de quem são as histórias contadas e acreditadas e quem está contando.

Não tem sido um ano de harmonia, e a raiva masculina definitivamente integra a paisagem — os *trolls*, os misóginos dos movimentos dos direitos dos homens, os fanfarrões do GamerGate e os perpetradores da violência efetiva, que não cessou. A reação histriônica à lei do consentimento sexual nas universidades, "Sim significa sim", na Califórnia, mostra que alguns homens héteros estão alarmados com a ideia de que agora terão de negociar suas interações eróticas e sociais com seres humanos dotados de voz e de direitos amparados por lei. Em outras palavras, estão descontentes que o mundo tenha mudado — mas o mais importante é que de fato mudou. As mulheres estão saindo de um silêncio que durou tanto tempo que ninguém sabe quando começou. Esse ano ruidoso não é o fim — mas talvez seja o começo do fim.

Feminismo: Chegam os homens
(2014)

O que o primeiro-ministro da Índia, o *punter* aposentado da NFL [National Football League] Chris Kluwe e o famoso comediante Aziz Ansari têm em comum? Não é terem entrado juntos num bar, ainda que Ansari talvez começasse a piada por aí. Os três se manifestaram pelo feminismo neste ano, como parte de uma onda inédita de homens ativamente engajados em "questões de mulheres", como se costuma dizer, embora a violência e a discriminação contra as mulheres só sejam questões de mulheres porque são coisas praticadas contra as mulheres — principalmente por homens, de forma que talvez sempre tenham sido "questões de homens".

A chegada dos caras significa uma enorme mudança, que faz parte de um ano extraordinário para o feminismo, em que os termos da conversa mudaram e algumas leis fundamentais também, enquanto se acrescentavam novas vozes e novos eleitorados. Sempre existiram homens que concordavam com a importância dessas questões de mulheres, e alguns que se manifestavam, mas nunca em tal quantidade nem com tais efeitos. E precisamos deles. Então consideremos este ano de 2014 como um divisor de águas para o feminismo.

Vejamos o discurso que o primeiro-ministro indiano Narendra Modi, geralmente hostil, pronunciou no Dia da Independência da Índia. Costuma ser uma ocasião de ufanismo e orgulho. Em vez disso, ele discorreu energicamente sobre o pavoroso problema do estupro no país. "Irmãos e irmãs, quando ouvimos sobre os casos de estupro, baixamos a cabeça de vergonha", disse ele em híndi.

> Pergunto a todos os pais [que têm] uma filha de dez ou doze anos de idade se estão sempre alertas, vivem perguntando aonde você vai, quando você volta. [...] Os pais fazem centenas de perguntas às filhas, mas algum pai se atreve alguma vez a perguntar ao filho aonde ele vai, por que vai sair, quem são os seus amigos? Afinal, um estuprador também é filho de alguém. Também tem pais.

É uma colocação admirável, resultante de um novo discurso naquele país em que muitos agora começam a culpar os agressores, não as vítimas — a aceitar, como dizem as ativistas contra o estupro nas universidades nos Estados Unidos, que "a causa do estupro é o estuprador". Essa ação, em outras palavras, não é causada por nenhuma das atividades cotidianas pelas quais as mulheres costumam ser culpabilizadas quando os homens as atacam. Isso em si representa uma enorme mudança, em especial quando a análise vem da boca dos próprios homens. E, vindas desse homem violentamente conservador, tais palavras pareciam admiráveis — não porque fossem prova de alguma nova virtude de Modi, mas porque ele parecia ser veículo de argumentos desenvolvidos em outro lugar: o feminismo como força tão poderosa que saía até da sua própria boca.

O governo Obama também lançou recentemente uma campanha para que os espectadores, sobretudo homens, interviessem para proteger potenciais vítimas de agressão sexual, com o nome de "Depende de nós". Por mais fácil que seja criticar esse slogan como um gesto um tanto destoante, mesmo assim é um marco, parte de uma reação maior do país ao estupro universitário em particular.

E o que isso significa é o seguinte: os ventos da mudança alcançaram os pontos mais altos de ressonância. Os poderes máximos do país começaram a conclamar os homens a assumirem responsabilidade não só pela sua conduta pessoal, mas também pela conduta dos homens ao seu redor, e a serem agentes de transformação.

QUANDO X NÃO É IGUAL A Y

O feminismo precisa dos homens. Para começar, os homens que odeiam e desprezam as mulheres só serão transformados por uma cultura em que fazer coisas horríveis às mulheres ou falar coisas horríveis sobre elas não aumentará, e sim prejudicará o prestígio de um homem entre outros.

Existem infinitas variedades de homens, ou pelo menos cerca de 3,5 bilhões de homens diferentes vivendo agora na Terra, suprematistas brancos e ativistas dos direitos humanos, drag queens e caçadores. Para as finalidades do feminismo, gostaria de traçar três grandes categorias gerais. Há os aliados, mencionados antes (e mais adiante). Há os misóginos raivosos e os *haters* nas palavras e nas ações. Podemos vê-los em vários espaços virtuais, em que proliferam à vontade (e parecem dispor de uma quantidade de tempo impressionante): os fóruns dos direitos dos homens, por exemplo, nos quais ficam atiçando incessantemente as chamas do seu ressentimento, e os caras no Twitter que investem contra praticamente qualquer mulher que se manifeste, cobrindo-a de ameaças e insultos. Veja-se a ameaça não só de matar a analista da mídia

Anita Sarkeesian por se atrever a falar contra o sexismo nos video games, mas de desencadear um massacre de mulheres durante um discurso que ela ia apresentar na Universidade de Utah. Sarkeesian não é a única a receber ameaças de morte naquele ambiente. E não esqueçamos todos os *gamers* que entraram na bizarrice das teorias conspiratórias misóginas sob a hashtag *#Gamergate*.

A posição deles foi recentemente atacada por Chris Kluwe, *gamer* fanático, ex-jogador profissional de futebol americano, feminista e franco defensor dos direitos queer, num discurso impressionante. Num dos trechos mais amenos, ele disse aos irmãos *gamers*:

> Infelizmente, todos vocês *#Gamergaters* continuam defendendo essa imundície pueril, e assim a única conclusão lógica a tirar é: que vocês apoiam aqueles cretinos misóginos em toda a sua gloriosa babaquice. Que vocês apoiam o assédio das mulheres na indústria do video game (e em geral). Que vocês apoiam o estereótipo idiota do "*gamer*" como aquele cara nojento que mora num porão, que deu tanto trabalho para tanta gente tentar se livrar.

Então alguém tuitou para Kluwe: "Vá se foder, seu cuzão. GamerGate não é ódio às mulheres". A isso eu gostaria de acrescentar uma variante da Lei de Lewis ("todos os comentários sobre o feminismo justificam o feminismo"): os inúmeros homens que atacam mulheres e os que se levantam em favor das mulheres para demonstrar que as mulheres não estão sob ataque e que o feminismo não tem base na realidade não percebem, pelo visto, que estão habilmente demonstrando o contrário.

Hoje em dia, são incontáveis as ameaças de estupro e morte. No caso de Sarkeesian, a Universidade de Utah preferiu não levar a sério a ameaça de um massacre na faculdade (embora o porte de armas no salão de conferências fosse autorizado por lei), pois Sarkeesian recebe ameaças de morte o tempo todo, e assim ela mesma teve de cancelar sua palestra.

Então há os aliados e os *haters*. E há também um monte de homens que podem ter boas intenções, mas que entram na conversa sobre o feminismo com afirmativas na verdade equivocadas que alguém — geralmente, segundo a minha experiência, uma mulher — passará um tempo enorme tentando corrigir. Pode ter sido por causa deles que Elizabeth Sims criou um website chamado The Womansplainer: "Para homens que têm coisa melhor a fazer do que aprender sobre o feminismo".

Outras vezes, eles tentam reformular algo que se disse sobre as desgraças das mulheres ou sobre as desgraças dos homens. Lendo os comentários masculinos on-line sobre o estupro nas universidades, por exemplo, fica parecendo que estamos diante de uma invasão de moças inconscientes, mas mal-intencionadas, que se jogam sistematicamente em cima de caras inocentes que estão por ali, só para criar problema para eles. Pouco tempo atrás, a *Forbes* publicou, e depois teve um trabalhão para apagar, uma longa declaração de um ex-presidente de uma fraternidade do MIT com o título "Convidadas bêbadas são a ameaça mais grave para as fraternidades".

Às vezes, os homens insistem que "equidade" significa admitir que eles sofrem com as mulheres tanto quanto ou até mais do que elas sofrem com eles. Aí também poderíamos dizer que os brancos sofrem com o racismo tanto quanto os negros, ou que não existem hierarquias de privilégios e graus de opressão neste mundo. Há quem diga isso.

É verdade, por exemplo, que existem mulheres que realmente cometem violência doméstica, mas as consequências são drasticamente diferentes, tanto na gravidade quanto na quantidade. Como escrevi em *Os homens explicam tudo para mim*, a violência doméstica é:

a causa número um de agressões a mulheres americanas; entre os 2 milhões de mulheres agredidas anualmente, mais de meio milhão dessas agressões exigem cuidados médicos, enquanto cerca de 145 mil exigem um dia de internação hospitalar, segundo os Centros de Controle e Prevenção de Doenças, e nem queiram saber sobre a necessidade posterior de atendimento odontológico. Os cônjuges são também a causa principal de morte de grávidas nos Estados Unidos.

No entanto, as grávidas não são a principal causa da morte dos cônjuges de mulheres grávidas. Simplesmente não há equivalência.

Nem todos os homens entendem, mas alguns sim (e isso daria uma boa hashtag). Vi o comediante Aziz Ansari apresentar um quadro sobre o assédio sexual. "Há caras assustadores por toda parte", disse ele, ao comentar o caso de uma mulher que teve de se refugiar num pet shop durante uma hora para se livrar de um sujeito que a seguia. Como frisou, os homens nunca precisam lidar com mulheres exibindo os seus genitais e se masturbando na frente deles em público ou os assediando de outras maneiras igualmente grotescas. "As mulheres simplesmente não fazem essas merdas!", exclamou Ansari. (Ele atribuiu à sua namorada o fato de ter se tornado um feminista.)

Os humoristas Nato Green, W. Kamau Bell e Elon James White estão entre os outros comediantes feministas que agora se manifestam, e Jon Stewart tem tido alguns excelentes momentos feministas. É ótimo que os homens não só estejam na conversa, mas também desempenhem um papel cada vez mais espirituoso. Homens negros como Bell, White e Teju Cole têm se mostrado excepcionalmente perspicazes, expressando-se com grande clareza e franqueza sobre as questões, talvez porque opressão entenda opressão.

Cole escreveu:

Ontem à noite, lendo os relatos de mulheres que tinham sido atacadas por Cosby, senti um profundo pesar.

É complicado falar a respeito, mas o silêncio está fora de questão. Isso é assunto de todos. Mas vou falar algumas coisas para os homens que estão lendo.

Nós homens tiramos proveito, todos nós homens tiramos proveito da cultura do estupro. Tiramos proveito com a dor que ele causa às mulheres porque disparamos na frente esquecendo o assunto; tiramos proveito com a forma como ele as elimina do circuito e abre espaço para nós; tiramos proveito com a forma como ele as desumaniza para que a nossa própria humanidade possa brilhar ainda mais; e tiramos proveito com a aura de poder que ele nos dá como agressores ou como beneficiários. E por tirarmos proveito, explícita ou implicitamente, não vociferamos o suficiente na nossa oposição a ele.

Temos de ser aliados nisso, num papel secundário, mas vital, para as gerações de mulheres que o vêm combatendo desde sempre. Por que haveria de ser fácil? Não tem como.

A OBSESSÃO PELAS FALSAS DENÚNCIAS DE ESTUPRO: UMA SAÍDA MUITO PRÁTICA

Claro, as velhas ideias também mantêm sua força. Quase sempre quando estou assistindo a algo (ou lendo na internet) e alguém levanta o tema do estupro, aparece um homem para abordar a "questão" das "falsas denúncias de estupro". Sério, é quase inevitável que seja a primeira coisa que sai da boca do sujeito; os homens parecem obcecados pelo tema, e muitas vezes é uma maneira muito conveniente de transferir o foco do grande número de vítimas femininas para os casos extremamente raros de vítimas masculinas. Por causa disso, montei esse guia muito prático sobre o assunto, esperando nunca mais precisar abordá-lo.

O estupro é tão comum na nossa cultura que cabe considerá-lo epidêmico. Afinal, de que outra maneira se qualificaria algo que atinge diretamente quase 20% das mulheres (e 1,4% dos homens) e, como ameaça, potencialmente 100% de todas as mulheres, que é tão infiltrado que modifica a maneira como vivemos, pensamos e andamos pelo mundo durante a maior parte da nossa vida? Os casos concretos de mulheres mentindo que foram estupradas, simplesmente para difamar algum homem, são extremamente raros. Os estudos mais confiáveis indicam que cerca de 2% das denúncias de estupro são falsas, o que significa que 98% são verdadeiras. Mas mesmo essa estatística não significa que esses 2% são falsas denúncias de estupro, pois você dizer que foi estuprada sem ter sido não é a mesma coisa que alegar que alguém específico a estuprou quando isso não é verdade. (Aliás, ninguém apura a falsa denúncia de estupro de um indivíduo.) Mesmo assim, essas estatísticas não impedem que vários homens retomem a questão mais e mais vezes. E mais vezes.

Eis uma tradução dessas denúncias:

ELA: Há uma epidemia atingindo meu povo!
ELE: Estou preocupado com essa doença incrivelmente rara da qual ouvi falar (mas não pesquisei) que talvez possa atingir alguém da minha tribo!

Ou assim:

ELA: Sua tribo faz coisas horríveis à minha tribo, que está bem documentado.
ELE: Sua tribo está cheia de mentirosos mal-intencionados. Na verdade, não tenho provas disso, mas meus sentimentos são mais racionais do que os seus fatos.

Aliás, ao avaliarmos esses dados sobre estupro, não podemos esquecer que a maioria dos estupros não é denunciada. Entre os denunciados, na maioria dos casos não se instaura processo. Nos casos em que se instaura processo, a grande maioria não obtém condenação. Entrar com uma denúncia de estupro geralmente não é uma maneira divertida e eficiente de conseguir desagravo ou justiça, e denunciar falsamente um crime é, em si, um crime, algo que a polícia não costuma ver com bons olhos.

Centenas de milhares de provas de estupro coletados pela polícia nos Estados Unidos, sabemos agora, nunca foram enviadas para os laboratórios de perícia criminal, e alguns anos atrás revelou-se que várias cidades — New Orleans, Baltimore, Filadélfia e St. Louis — nem sequer se preocuparam em arquivar os relatórios policiais sobre dezenas de milhares de alegações de estupro. Isso deveria ajudar a convencê-lo de que o sistema não funciona tão bem assim para as vítimas de estupro. E lembre quem são os policiais: um grupo majoritariamente masculino, cada vez mais militarizado, com altos índices de violência doméstica e que acumulam, recentemente, contra eles mesmos algumas denúncias notáveis de estupro. Em outras palavras, nem sempre são as pessoas mais receptivas para ouvirem mulheres — em particular mulheres pretas e pardas, profissionais do sexo, trans e outros grupos marginalizados — falando sobre condutas sexuais masculinas impróprias.

Muitas vezes, as pessoas também se perguntam por que as universidades fazem as suas próprias diligências sobre os casos de estupro, em vez de dar parte à polícia, ainda mais porque muitas delas não as fazem direito. Há várias razões, entre as quais o fato de que as universidades devem assegurar a todos um acesso igualitário ao ensino, por disposição do Título IX (uma emenda de 1972 à Lei dos Direitos Civis de 1964, de âmbito federal). A agressão sexual solapa essa igualdade por lei. E há o fato de que o sistema penal é muito falho quando se trata de violência sexual e, para muitas sobreviventes de estupro, lidar com o sistema judicial é uma segunda rodada de violação e humilhação. Às vezes a vítima retira a queixa porque simplesmente não pode mais aguentar o processo. Pelo que me disseram, o recurso judicial contra uma condenação de estupro, na esperança de que a vítima não dê conta de enfrentar outro julgamento, tornou-se uma tática para derrubar a sentença.

E agora voltemos àquelas falsas denúncias de estupro. Em *Os homens explicam tudo para mim*, acrescentei a seguinte nota de rodapé:

> As falsas denúncias de estupro são uma realidade, e relativamente rara, embora as histórias dos indevidamente condenados sejam terríveis. Um estudo britânico feito pelo Setor da Promotoria da Coroa, lançado em 2013, observou que havia 5651 processos por estupro no período estudado, contra apenas 35 processos por falsas denúncias de estupro (ou mais de 160 estupros para uma falsa denúncia, bem abaixo de 1%). E um relatório do Ministério da Justiça dos Estados Unidos de 2000 citou as seguintes estimativas para o país: 322 230 estupros anuais, resultando em 55 424 denunciados na polícia, 26 271 detenções e 7007 condenações — ou um pouco mais de 2% dos estupros estimados e 12% dos estupros denunciados resultaram em pena de prisão.

Em outras palavras, não é provável que dar parte de um estupro resulte em cadeia, e embora talvez 2% das denúncias de estupro sejam falsas, apenas um pouco mais de 2% de todas as denúncias resultam em condenações. (Algumas estimativas chegam a até 3%.) Em outras palavras, há uma quantidade assustadora de estupradores impunes à solta. E a maioria dos estupradores, quando denunciados ou acusados, não admitem ter cometido o crime. O que significa que temos uma legião de estupradores à solta que também são mentirosos, e talvez essas mentiras difundidas sejam de homens que estupraram, e não de mulheres que não foram estupradas.

Claro que ocorrem falsas denúncias de estupro.[1] Minha amiga Astra Taylor assinala que os exemplos mais dramáticos no país foram os casos em que homens brancos acusaram falsamente homens negros de terem agredido mulheres brancas. Isso significa que, se você quiser se indignar com o assunto, terá de invocar um quadro mais complicado sobre o real funcionamento do poder, da vergonha e da mentira. Houve episódios — o caso infame do estupro coletivo envolvendo os Garotos de Scottsboro nos anos 1930, por exemplo — em que mesmo as autoridades pressionaram mulheres brancas a mentir a fim de incriminar homens negros. No caso Scottsboro, uma das denunciantes, Ruby Bates, de dezessete anos, depois se retratou e contou a verdade, apesar das ameaças que sofreu.

E há o caso da corredora do Central Park em 1989, em que a polícia extorquiu confissões falsas de cinco adolescentes inocen-

---

[1] Depois de ter escrito este ensaio, a *Rolling Stone* publicou e depois retirou do ar uma matéria sobre estupro na Universidade da Virgínia. O artigo se concentrava numa suposta vítima, cujas declarações não foram verificadas e não eram corretas. A mídia *mainstream* e a Twitteresfera ficaram obcecadas pelo caso e deram cobertura maciça à vítima e às suas mentiras, de uma maneira que dava a entender que as falsas denúncias de estupro é que constituíam o grande problema na universidade, que estava sob investigação federal e era acusada de lidar mal há anos com dezenas de episódios de agressão sexual. Em 2004, o *Charlottesville Hook* publicara: "No mesmo período, sessenta estudantes da Universidade da Virgínia denunciaram que tinham sido abusadas sexualmente, muitas por colegas. No entanto, segundo várias fontes na administração da universidade, nos últimos cinco anos não houve nenhum transgressor sexual expulso ou sequer suspenso da escola". Porém, depois do fora da *Rolling Stone*, dezenas de histórias jornalísticas deram a impressão de que houve apenas um caso de estupro na Universidade da Virgínia, e que era falso.

tes latinos e afro-americanos, que então foram condenados e encarcerados pelo sistema judiciário (incluindo uma promotora). A vítima branca, que fora espancada quase até a morte, não recordava o episódio e não testemunhou contra eles. Em 2002, o verdadeiro agressor confessou e os cinco foram absolvidos, mas somente depois de terem passado a juventude na prisão por crimes que não haviam cometido. Mesmo em 2016, Donald Trump continuava a proclamar que esses inocentes eram culpados. A condenação de inocentes costuma resultar da corrupção e de desvirtuamentos no sistema judicial, e não apenas de um acusador isolado. Claro que existem exceções. O que digo é que são poucas.

A obsessão pelas falsas denúncias de estupro deriva, ao que tudo indica, de uma série de coisas, inclusive da ilusão de que são habituais e da persistente pecha contra as mulheres, de que seriam naturalmente ambíguas, manipuladoras e desonestas. A constante referência a essa questão sugere que existe uma estranha espécie de confiança masculina, decorrente da ideia de terem mais credibilidade do que as mulheres. E agora isso está mudando. Talvez, eu queira dizer por confiança que eles se acham no direito. Talvez o que esses sujeitos feministas estão dizendo seja o seguinte: os homens estão finalmente passando a ter de responder pelos seus atos e isso os amedronta. Talvez seja bom que fiquem amedrontados — ou pelo menos se tornem responsáveis.

O QUE TORNA UM PLANETA HABITÁVEL

A situação, tal como existe há muito tempo, precisa ser descrita de modo simples e direto. Digamos apenas que um número significativo de homens odeia mulheres, seja a desconhecida molestada na rua, a twitteira ameaçada e condenada ao silêncio on-line ou a esposa espancada. Alguns homens se acham no direito de humilhar, punir, silenciar, violentar e até aniquilar mulheres. Por causa disso, as mulheres enfrentam um grau assombroso de violência cotidiana e uma atmosfera ameaçadora, bem como uma infinidade de insultos e agressões menores na intenção de nos manter sob domínio. Assim, não admira que o Southern Poverty Law Center [Centro Sulino de Advocacia Gratuita] classifique alguns grupos de direitos dos homens como grupos de ódio.

Nesse contexto, avalie o que queremos dizer com cultura do estupro. É ódio. Aqueles estupros por times esportivos e membros de fraternidades se baseiam na ideia de que violar os direitos, a dignidade e o corpo de outro ser humano é uma coisa bacana de se fazer. Essas ações grupais se fundam numa noção predatória monstruosa de masculinidade, que muitos homens não subscrevem, mas que afeta a todos nós. É também um problema que os homens são capazes de corrigir de outras maneiras, não acessíveis às mulheres.

Numa noite dessas, saí de uma palestra de uma astrofísica conhecida minha sobre as condições para que um planeta seja habitável — temperatura, atmosfera, distância de uma estrela. Pensei em pedir a um rapaz, amigo de uma amiga, que me acompanhasse até meu carro, no estacionamento totalmente escuro da Academia de Ciências da Califórnia, mas a astrofísica e eu ficamos conversando e fomos juntas até lá, sem nem questionar, e então a levei de carro até o carro dela.

Algumas semanas antes, juntei-me a Emma Sulkowicz e um grupo de moças que estavam carregando um colchão entre uma aula e outra na Universidade Columbia. Como disse antes, Sulkowicz é uma estudante de artes que denunciou um estupro e não recebeu nada que se parecesse com justiça, nem das autoridades do campus, nem do Departamento de Polícia de Nova York. Como reação, ela vem expondo seu drama com uma performance artística que consiste em carregar um colchão do dormitório universitário para todos os lugares enquanto está no campus.

A reação da mídia foi estrondosa.[2] Uma equipe de documentário estava lá naquele dia, e a cinegrafista, uma mulher de meia-idade, comentou comigo que, se os critérios de consentimento sexual nas universidades já existissem, se o direito das mulheres de negar e a obrigação dos homens em respeitar a decisão feminina já fossem reconhecidos quando ela era jovem, sua vida teria sido totalmente diferente. Refleti nisso por um instante e percebi: a minha também. Gastei muita energia entre os doze e os trinta anos simplesmente para sobreviver a homens predadores. A revelação de que desconhecidos totais e conhecidos eventuais podiam me infligir humilhação, dano e talvez até a morte por causa de meu gênero e que eu tinha de estar alerta o tempo inteiro para escapar a esse destino — bom, faz parte do que me levou a ser feminista.

Tenho profunda preocupação com as condições habitáveis do nosso planeta de um ponto de vista ambiental, porém, enquanto não for plenamente habitável por mulheres que possam caminhar livremente pelas ruas sem o medo constante, teremos de carregar fardos práticos e psicológicos que prejudicam a nossa total capacidade. É por isso que, mesmo considerando o clima a coisa mais importante neste momento, ainda escrevo sobre feminismo e direitos das mulheres. E celebro os homens que tornaram um pouco mais fácil mudar o mundo ou que agora fazem parte das grandes mudanças em curso.

---

[2] Depois que escrevi isso, Sulkowicz foi submetida a ataques maciços nas redes sociais e em outros lugares, como resultado do movimento pelos direitos dos homens. Em 2016, uma pesquisa sobre o seu sobrenome na internet dá como primeiro resultado "Emma Sulkowicz" e como segundo, "Emma Sulkowicz mentirosa". Puseram cartazes por todo o campus de Columbia chamando-a de "*pretty little liar*" [referência ao seriado *Pretty Little Liars*], e uma conta do Twitter chamada *@fakerape* passou a persegui-la até ser suspensa.

Um ano após sete mortes
(2015)

Em 1988, o fotógrafo Richard Misrach encontrou dois exemplares da revista *Playboy* que haviam sido usados para o treino de tiro ao alvo no Campo de Testes Nucleares de Nevada, onde tinham sido detonadas mais de mil armas nucleares americanas e britânicas. Enquanto ele olhava, um vento soprou nas páginas da revista, que parou numa foto de Ray Charles cantando. Todas as páginas da revista estavam cravejadas de orifícios de balas — denteados, com perfurações nas páginas por baixo — espalhados pela superfície. Misrach relembra:

> o êxtase [de Ray Charles] se transformou num grito por uma bala que tinha atravessado a revista. Percebi que os alvos eram as mulheres na capa das duas revistas, mas que a violência dirigida especificamente às mulheres penetrava simbolicamente em todas as camadas da nossa sociedade. Todos os aspectos da nossa sociedade [...] estavam crivados de violência.

Pensei nas grandes fotos coloridas de celebridades masculinas e femininas de Misrach, nas paisagens, produtos, cenas de filme, todas perfuradas a tiros, e nesse seu comentário, quando comecei a rever o massacre de Isla Vista que hoje completa um ano. Na noite de 23 de maio de 2014, um rapaz de 22 anos entrou num surto de violência que deixou seis mortos e muitos feridos, atingidos de raspão pelas balas ou abalroados pelo seu carro, antes de se matar com a própria arma.

Fazia um tempo ameno naquela noite em Isla Vista, uma área costeira junto à Universidade da Califórnia em Santa Barbara, cheia de pizzarias e casas de burritos com nomes chamativos, de repúblicas estudantis masculinas e femininas e de prédios residenciais. Havia estudantes andando de skate, de bicicleta, a pé com amigos, de shorts, camisetas e trajes de banho. O assassino, cujo nome não se deve relembrar, que não deve ser glorificado como foram os assassinos de Columbine, não tinha amigos, embora tivesse morado lá por quase três anos. Planejara longamente uma chacina como vingança contra um mundo que, a seu ver, lhe devia sexo, adoração, amizade e sucesso. Seu ódio se concentrava especialmente nas moças e mulheres e nos homens que se divertiam em sua companhia.

A autobiografia do rapaz, criado nas margens da indústria cinematográfica de Hollywood, postada on-line naquele dia, é notável pela superficialidade e pela convicção de estar no seu direito. São termos duros, mas não há outra forma de descrever a sua absoluta falta de empatia, de imaginação e de compromisso com a vida dos outros. Muitas vezes atribuem-lhe distúrbios mentais, mas, em vez disso, ele parece ser excepcionalmente suscetível à loucura da sociedade ao seu redor, a nossa sociedade no que ela tem de pior.

A misoginia dele era a misoginia da nossa cultura. O seu patético sonho de ganhar na loteria para ficar rico, ser admirado e ter sucesso sexual era banal, amplamente fomentado pela propaganda. A sua preocupação com produtos de marca e símbolos de status era exatamente o que a indústria publicitária tenta injetar em nós. A sua fantasia de ganhar poder e prestígio à base de armas é a fantasia que nos é vendida pelo lobby armamentista e pelos filmes de ação, em que um super-homem invulnerável sempre acerta infalivelmente os vilões da história, um deus que se torna deus graças à sua arma. "A minha primeira providência foi comprar a minha primeira arma", escreveu ele sobre a chacina longamente planejada. "Depois de pegar a arma, trouxe para o meu quarto e tive uma sensação nova de poder. Agora estava armado. *Quem é o macho alfa agora, suas vagabundas?*, disse comigo mesmo, pensando em todas as garotas que tinham me desprezado."

Naquele dia, conforme planejara, ele esfaqueou e matou três rapazes no seu apartamento, emboscando, ao que tudo indica, um por vez. Dois eram colegas de quarto, um estava de visita: Weihan Wang, com vinte anos, Chen Hong, também com vinte, e George Chen, com dezenove. Então foi com as suas armas até a república feminina onde moravam as moças que achava mais bonitas e bateu à porta, na esperança de entrar e massacrar todas elas — "cheia de loiras lindas e gostosas; o tipo de garota que sempre desejei mas nunca consegui ter porque todas me desprezam. São todas umas vagabundas mimadas, perversas e sem coração". As jovens ficaram alarmadas com as batidas fortes e insistentes na porta e ninguém foi abrir. O assassino então atirou em três moças que estavam em frente, Katherine Cooper, com 22 anos, Veronica Weiss, com dezenove anos, e uma terceira que sobreviveu, socorrida por passantes e depois por seguranças. Voltando ao carro, ele foi para cima dos pedestres, jogando alguns ao ar com o impacto, trombando em outros, errando outros, e distribuindo tiros entre outros mais. Feriu catorze pessoas, além das seis que matou.

A última pessoa que ele assassinou antes de se matar foi Christopher Michaels-Martinez, que estava na rua com os amigos e foi o último a entrar na loja de conveniência onde se refugiaram. Em 23 de maio de 2014, lá pelas nove e meia da noite, diz o relatório do delegado, uma bala "penetrou no lado esquerdo do peito e saiu pelo lado direito do peito, perfurando o fígado e o ventrículo direito do coração". Christopher Michaels-Martinez, um rapaz atlético de vinte anos de idade, estudante de inglês, que tinha saído para passear com os amigos, morreu imediatamente no piso da loja de conveniência, apesar do socorro que uma jovem de dezenove anos tentou lhe prestar. Alguns dias depois, no memorial improvisado de velas e flores na calçada diante da loja, ela relembrou: "Eu estava aplicando nele uma reanimação cardiorrespiratória, olhei para baixo e reconheci seu rosto. Foi a primeira pessoa que conheci na orientação aos calouros".

"Eu daria o resto da minha vida por mais um dia com Christopher", disse-me Richard Martinez, pai de Christopher, algumas semanas atrás. "Mas não é possível. Então faço isso" — sendo o "isso" seu trabalho de advocacia pelo controle de armas na organização Everytown for Gun Safety. "Não quero que nenhum outro pai passe pela perda de um filho tão amado como era o nosso. Trata-se de salvar vidas." Naquela noite, morreram mais seis jovens. Todos tinham família; todas as famílias devem ter sentido uma dor como a de Richard Martinez. E da mãe do rapaz. E dos primos, amigos, namorada e colegas.

E seu tio, Alan Martinez, arquiteto de San Francisco que é meu amigo, que amava o sobrinho, recorda suas conversas com o rapaz, discutindo Cícero, o Alhambra, a aids, o budismo e tudo o mais que existe debaixo do sol. Há uma foto do tio com o sobrinho deitados de costas numa colina verdejante da Califórnia, os dois rindo da mesma piada ou pela pura alegria do momento. E então houve a coletiva de imprensa no dia seguinte, com Alan ao lado de Richard e este dizendo, numa voz embargada de angústia: "Nenhum a mais" [Not One More], que se tornou o lema da sua campanha pelo controle de armas.

Richard Martinez, um homem imponente de cabelo escuro e barba grisalha, falou pela última vez com Christopher poucas horas antes da sua morte; o aluno da UCSB estava entusiasmado com o ano que ia passar estudando em Londres. Richard se pergunta se, caso tivessem ficado mais um pouco ao telefone ou tivessem encerrado a conversa um pouco antes, Christopher ainda estaria vivo.

A cada vez que encontro o pai de Christopher, conheço mais sobre o filho, em histórias, retratos, vídeos no celular: um rapaz bonito, cheio de energia e vitalidade, conhecido não só pela inteligência e pelo gosto por esportes, mas também pela bondade. De cabelos e olhos castanhos, tinha um sorriso largo e cativante, alegre, cheio de vontade de viver. Aos dezesseis anos, queria saltar de paraquedas, mas os pais não deixaram; quatro anos depois, poucos meses antes de morrer, ele foi. Após a morte, alguém deu um vídeo a Richard, que ele me mostrou no começo deste mês. Chris aparece com um macacão de salto amarelo, preparando-se para entrar no aeroplano, dentro do aeroplano, saltando no céu azul em queda livre com o instrutor e depois, quando se abre o paraquedas, caindo mais devagar até chegar ao solo verde da Califórnia. Está sempre com um grande sorriso no rosto. Tinha tanta vida. E então morreu.

Martinez tinha um filho; agora não tem nenhum. Usa pulseiras de borracha, daquelas distribuídas para causas e campanhas assistenciais, uma em cima da outra no pulso direito. Cada uma corresponde a uma criança morta por arma de fogo em algum lugar dos Estados Unidos, em Sandy Hook e outros tiroteios de massa, e ele passa uma por uma, dizendo onde e quando a vítima foi assassinada. É como se o braço fosse um cemitério. Os pais dessas vítimas compartilham as pulseiras como parte de suas campanhas; formam uma comunidade de devastados. Sempre, desde a primeira vez que falei com Martinez poucos dias após o assassinato, tenho a sensação de que ele precisava fazer alguma coisa para extrair algum sentido da dor insuportável. Não podia evitá-la, mas tinha de fazer alguma coisa com ela, e assim ele deixou o cargo de promotor público, que ocupava fazia muito tempo, e pôs o pé na estrada.

As causas do surto assassino podem ser interpretadas de várias maneiras. As feministas (eu incluída) se concentraram no ano passado na misoginia, o sentimento furioso do assassino de que as mulheres lhe deviam alguma coisa, de que ele tinha o direito a todos os prazeres e adulações que elas pudessem oferecer. A discussão sobre essa orgia de crimes se juntou ao debate mais amplo sobre a violência contra as mulheres. Como continuavam a aparecer homens dizendo "Nem todos os homens", às vezes na forma da hashtag *#notallmen*, como em "nem todos os homens são estupradores e assassinos e não se deve falar em padrões da violência masculina", uma jovem que tuíta com o nome de Gilded Spine criou a hashtag *#yesallwomen*.

A intenção era dizer que sim, sabemos que nem todos os homens cometem esses crimes, mas a questão é que todas as mulheres sofrem o impacto deles. A hashtag viralizou nos meses após Isla Vista, embora Gilded Spine tenha recebido tantos tuítes ameaçadores que silenciou por muito tempo. Até mesmo falar sobre a violência era perigoso, e os homens que postavam comentários de escárnio, imagens pornográficas e ameaças pareciam não perceber que estavam demonstrando precisamente a necessidade do feminismo. A hashtag feminista *#yesallwomen* foi talvez a mais difundida entre todas as que abrigaram, em anos recentes, a conversa coletiva e os depoimentos sobre violência e sobrevivência.

Em toda violência há autoritarismo ou sensação de se achar no direito de fazer aquilo. Dizemos que um assassino *tomou* a vida de outra pessoa. *Tomar* é se apoderar. É roubar, é supor-se com os privilégios de um dono, é dispor da vida de outrem como se fosse sua. Nunca é. E ainda há o gigantesco arsenal americano e a destruição que ele traz. Neste país, diariamente 91 americanos são mortos por armas de fogo; anualmente ocorrem nos Estados Unidos 12 mil homicídios por arma de fogo, mais de vinte vezes acima da média de outras nações industrializadas, segundo a organização de Martinez, Everytown for Gun Safety. O índice de homicídios por armas de fogo parece não ter aumentado, mas não porque o número de pessoas alvejadas seja menor do que há dez anos. O número de alvejados é maior, mas os ambulatórios e os prontos-socorros melhoraram e salvam mais vidas. O número de ferimentos a bala não fatais duplicou entre 2002 e 2011.

Estamos numa zona de guerra em duas acepções. A primeira é a guerra literal que gera esses 12 mil cadáveres anuais, incluindo suicídios, homicídios por violência doméstica (3110 mulheres mortas por parceiros ou ex-parceiros entre 2008 e 2012), outros assassinatos, mortes acidentais. A segunda é uma guerra de significados. De um lado estão os que nos dizem incessantemente que as armas nos darão mais segurança, e que precisamos de mais armas em mais mãos em mais lugares, nas lojas, nas ruas, nas escolas e nas universidades. Apregoam constantemente o roteiro do "cara bonzinho com uma arma que detém o vilão com uma arma".

É absolutamente raro que um indivíduo armado entre numa situação caótica e, como o herói pistoleiro de um bangue-bangue, atire com precisão e eficiência, eliminando os maus e poupando os bons. Os outros roteiros envolvendo armas — homicídios, suicídios e acidentes horríveis — são incessantes. Quando uma criança pequena encontra uma arma e atira em amigos, irmãos e pais, dizem-nos que foi um acidente terrível e não que é uma coisa provável de acontecer com armas ao fácil alcance. O argumento a favor de mais armas não trata de fatos, e sim das armas como símbolos de identidade, de fantasias de domínio, controle, sujeição, o mesmo velho sonho impossível machista de ser, como disse o assassino de Isla Vista, o *macho alfa*. Para os defensores convictos das armas de fogo, elas são totens identitários, e não os instrumentos que realmente tiram 12 mil vidas por ano.

Uma reação à chacina de Isla Vista é uma lei californiana, a AB 1014, que autoriza familiares e policiais a encaminharem petição a um tribunal para recolher armas em posse de alguém que apresente risco a terceiros. A Ordem de Restrição contra a Violência com Armas de Fogo, como se chama a lei, poderia ter impedido, pelo menos em parte, o surto homicida que ocorreu em Isla Vista e talvez pudesse ter modificado todo o cenário. No começo do mês, a mãe do assassino havia telefonado para o escritório do delegado de Santa Barbara para registrar a sua preocupação a respeito do filho. Ela pode impedir outros assassinatos quando entrar em vigor, em 1º de janeiro de 2016. Foi aprovada uma boa legislação também no Oregon e no estado de Washington, pelo que me disse Martinez; e no Texas e na Flórida foram barrados alguns projetos de lei para ampliar os direitos de porte de armas. Mas naquela noite terrível de um ano atrás, além de armas de fogo, também houve o uso de facas e até de um carro para ferir outras pessoas.

Não existe uma causa única e tampouco uma solução fácil para a violência neste país. Como Misrach observou ao ver aquelas revistas da *Playboy* usadas em exercícios de tiro ao alvo: "Todos os aspectos da nossa sociedade [...] estavam crivados de violência". Mas a sociedade tem muitos outros aspectos a que não faltam alternativas à violência: a disposição em negociar, o amor à vida, a generosidade, a empatia, que também são forças poderosas na cultura. Depois da série de assassinatos, muitos acorreram para reconfortar, abrigar e prestar primeiros socorros — torniquetes, pressão nos ferimentos a tiros, reanimação cardiorrespiratória — aos feridos e moribundos, e naquela semana compareceram 20 mil pessoas ao memorial no estádio da UCSB. Mas as pessoas que encarnam o que há de melhor em nós, como todas nós, vivem num clima em que a violência pode eclodir a qualquer momento em qualquer lugar.

Existe uma bolsa de estudos em nome de Christopher Michaels-Martinez para estudantes de inglês empenhados na justiça social. Estão organizando exposições, eventos comemorativos e um jardim para o aniversário de primeiro ano na Universidade da Califórnia em Santa Barbara. Há leis aprovadas e aguardando aprovação, há um vibrante debate feminista sobre a violência e a misoginia. Mas os mortos continuam mortos, os enlutados continuam de luto e o cenário continua preparado para outros assassinatos.

O feliz caso recente da piada sobre estupros
(2015)

As piadas sobre estupro são engraçadas? A posição feminista, alguns anos atrás, parecia ser firmemente contrária, e então as coisas mudaram. Na verdade, a rápida evolução da piada sobre estupros nos últimos três anos é uma ressonância em pequena escala das enormes mudanças que têm ocorrido no debate público sobre a violência sexual, o gênero, o feminismo, as vozes que importam e quem vai contar a história.

O desafio foi lançado em 2012, quando o comediante Daniel Tosh estava dizendo que as piadas sobre estupro sempre são engraçadas, e uma mulher na plateia gritou: "Piadas sobre estupro nunca são engraçadas". Tosh teria respondido: "Não seria engraçado se essa garota fosse imediatamente estuprada por uns cinco caras?". A destinatária desse comentário então escreveu sobre isso no seu blog, e o blog e o episódio ganharam bastante atenção naquele momento. O episódio já pertence a outra época, graças ao que, desde então, veio a acontecer com o feminismo e a comédia.

As piadas sobre estupro não são engraçadas segundo o axioma de que elas se dão às custas da vítima. A insistência de que são engraçadíssimas vem da parte dos piadistas e dos fãs dessas piadas.

* * *

Aconteceu uma coisa horrível com você, hahahaha! Eu ia violentar e humilhar uma mulher e negar a humanidade dela, quaquaquaquá! Pra mim, é engraçado, e você, o que me importa?

Sam Morril, que sem dúvida estava no palco e a quem imagino que devo chamar de comediante, contava o seguinte tipo de piada: "Minha ex-namorada nunca me fez usar camisinha. Era demais! Ela usava pílula". Pausa. "Pílula para dormir." O sexo com vítimas desacordadas é uma coisa tão absolutamente engraçada que o comediante mais celebrado dos Estados Unidos procedera assim durante décadas, segundo alegavam, mas em 2012 ainda não estávamos falando sobre Bill Cosby.

Quando o debate começou, as pessoas traçaram uma distinção entre escrachar (gozar do mais fraco) e criticar (os privilegiados, o statu quo, talvez até desferindo ataques contra o império). A piada sobre estupros, como existia na época, era só escracho. Louis C.K., que na época tinha umas piadas sobre estupro nojentas, comentou que o episódio envolvendo Tosh fazia parte de uma "luta [maior] entre comediantes e feministas, que são inimigos naturais. Pois, em termos de estereótipos, as feministas não aceitam piadas". (Ou talvez eles não achassem as feministas engraçadas porque elas estavam rindo era deles.)

Um tempo depois, ele disse que é preciso coragem para um homem convidar uma mulher para sair e para uma mulher sair com ele. Pois "como é que as mulheres ainda saem com os caras, quando se leva em conta que não existe maior ameaça às mulheres do que os homens? *Somos a ameaça número um para as mulheres!*" (Em 2017, ele foi tido como uma ameaça ou, no mínimo, como um pervertido que repetidas vezes obrigou mulheres a vê-lo se masturbando.) O que não tem graça nenhuma, a não ser a graça de dizer verdades transgressoras e chocantes. Ou pelo menos rimos ao ouvi-las, por surpresa, incômodo ou identificação. O humor e a transgressão são inseparáveis, mas existem inúmeras formas de transgressão — o tipo de piada que as crianças de oito anos adoram transgride as expectativas convencionais em relação à linguagem, à lógica ou ao motivo pelo qual a galinha atravessou a rua.

Claro que Margaret Atwood havia apontado a mesma coisa, muito tempo antes e de modo muito mais incisivo do que Louis C.K., ao dizer: "Os homens têm medo de que as mulheres riam deles. As mulheres têm medo de que os homens as matem". Homens sem senso de humor talvez constituam os subgrupos que alimentam o movimento dos direitos dos homens, o GamerGate e as demais reações misóginas. Não acredito em revanche, mas estamos num momento em que daria para lamentar que os homens não são engraçados.

Mulheres engraçadas — Amy Poehler, Tina Fey, Cameron Esposito, Margaret Cho, Sarah Silverman — têm alcançado destaque cada vez maior nos últimos anos, mas foi um homem que deu o golpe de misericórdia na comédia patriarcal. Hannibal Buress questionou Bill Cosby. Finalmente era o momento certo de depor "o paizão da América" — que um tabloide renomeou em 2015, na matéria de capa, como "o estuprador da América".

Depois que Buress abriu a porteira, foi a hora de cair em cima de Cosby. Nos Golden Globes de janeiro, Fey e Poehler fizeram Cosby em pedacinhos. Referindo-se a *Caminhos da floresta* [*Into the Woods*], o filme soturno baseado em conto de fadas, Poehler comentou: "e a Bela Adormecida achava que estava apenas tomando um café com Bill Cosby". Fey então fez uma paródia de Cosby, com a voz excitada e afetada, enquanto aludia às acusações de drogar suas vítimas. "Pus as pílulas nas pessoas. As pessoas não queriam as pílulas." Poehler se juntou às zombarias e as câmeras deram uma panorâmica na plateia, onde algumas celebridades pareciam achar graça nas piadas antiestupro e outras pareciam estupefatas.

E Cosby caiu porque, na onda da porteira aberta por Buress, seguiram-se depoimentos de vítimas e matérias de jornalistas sérios. Mais para o final de janeiro, o grande tio-avô da comédia, Jay Leno, comentou: "Não sei por que é tão difícil acreditar nas mulheres. Na Arábia Saudita, é preciso que duas mulheres testemunhem contra um homem. Aqui você precisa de 25". Há uma ironia especial quando um comediante famoso se torna alvo de piadas. Marca o surgimento da comédia feminina no *mainstream* e o enfraquecimento da cultura do estupro. Não há troca de guarda mais clara do que essa.

Bill Cosby sobreviveu tanto tempo à sua alegada orgia de crimes graças a uma cultura em que as mulheres tinham pouca voz e nenhuma credibilidade, e suas denúncias de terem sido estupradas por ele levavam apenas a mais ataques, à preservação da sua impunidade, à desigualdade de poder. Ele perdeu essa impunidade e grande parte desse poder, e o número de 26 de julho da revista *New York*, em que 35 das 46 vítimas que haviam se apresentado até a data para falar e mostrar a cara, foi basicamente a sua sepultura. As histórias delas o enterraram. E exumaram a si mesmas do silêncio da tumba.

O show de Amy Schumer na Comedy Central apresentou uma ou duas esquetes sobre Cosby — em uma delas ela é sua advogada de defesa tentando convencer os jurados que eles gostam mais do "paizão da América", do pudim e tudo mais do que da verdade e da justiça. Ela mostra como as pessoas se negam a abandonar algo que lhes agrada e se recusam a olhar algo que lhes causa incômodo. O quadro termina com uma virada: um Cosby nos bastidores envia a Schumer uma bebida como agradecimento; ela olha o copo consternada e então o atira por cima do ombro. Ela está sabendo.

Mas o grande marco, o grande épico, a *Ilíada* de todas as piadas de estupro gozando dos estupradores é, sem dúvida, o "Football Town Nights" de *Inside Amy Schumer*, uma paródia de *Friday Night Lights* (o programa de tevê sobre o futebol americano das escolas secundárias no Texas) e paródia ainda mais sarcástica da lógica da cultura do estupro. A esquete de final de abril apresenta um novo técnico tentando ensinar os garotos a não estuprar, para a franca incompreensão deles e a indignação da comunidade. Schumer faz o papel da sua boa esposa, que, silenciosamente, surge trazendo ao técnico copos cada vez maiores de vinho branco à medida que as coisas vão de mal a pior no novo emprego.

No começo, o time no vestiário tenta encontrar brechas na regra "sem estupros" do treinador. "Podemos estuprar em partidas fora daqui?" Não. "E se for Halloween e ela estiver vestida de gata sexy?" Não. "E se ela acha que é estupro, e eu não?" Não. "E se minha mãe for a promotora distrital e não abrir processo, posso estuprar?" "Se a garota concordou no outro dia, mas era sobre outra coisa?" "E se a garota concorda e aí, de uma hora para a outra, muda de ideia feito uma louca?"

Os argumentos dos secundaristas são exatamente o tipo de lógica e ilógica que se vê nos campi das universidades e também nas caixas de comentários: a recusa em reconhecer os limites dos direitos dos homens ou a existência dos direitos das mulheres. Depois desse quadro vem uma cena excelente, aterradora, quando aparecem umas senhoras de meia-idade cuspindo no treinador porque ele não deixa "nossos garotos" praticarem os seus legítimos estupros (relembrando a verdadeira fúria contra qualquer moça que acusa algum esportista famoso de estupro e o foco dominante sobre o impacto sofrido pelo agressor e não pela vítima).[1]

---

[1] A revista satírica *Onion* publicou essa manchete em 2011: "Astro do basquete universitário supera heroicamente o trágico estupro que cometeu".

A esquete inteira é uma piada de estupro engraçada mostrando como os potenciais estupradores são uns babacas irracionais que inventam qualquer desculpa e como muitas comunidades dão apoio a alguns desses babacas — em suma, não é sobre o estupro (não há nenhum estupro no quadro), mas sobre a cultura do estupro. O jogo virou. O feminismo não ganhou e a guerra para que os direitos humanos básicos de todos sejam respeitados não terminou, mas agora estamos numa temporada vencedora. E às vezes até que é engraçado, além de mortalmente sério.

Pós-escrito: Depois que escrevi este texto, Schumer tem errado muito a mão quanto à questão racial nos seus quadros e declarações. A sua posição e os seus roteiros são falhos, e às vezes ela defende as necessidades emocionais de jovens brancas heterossexuais em vez de mostrar como uma revolução poderia transformar o que significa ser mulher, ser muitos tipos de mulheres. Mas criou uma ou duas obras-primas.

PARTE II
ROMPE-SE A HISTÓRIA

Fuga do bairro de 5 milhões de anos
(2015)

Nas conversas sobre quem somos, quem fomos e quem podemos ser, mais cedo ou mais tarde alguém conta uma história sobre o Homem, o Caçador. A história não é só sobre o Homem, mas também sobre a Mulher e a Criança. As variantes são incontáveis, mas todas dizem algo assim: nos tempos primordiais, os homens saíam, caçavam e traziam comida para casa, para alimentar as mulheres e as crianças, que ficavam ali sentadas, dependendo deles. Em muitas versões, a história se situa em unidades nucleares, em que os homens provêm apenas à própria família e as mulheres não têm nenhum núcleo comunitário próprio para ajudá-las com os filhos. Em todas as versões, as mulheres são fardos que procriam.

Embora trate de sociedades humanas de 200 mil ou 5 milhões de anos atrás, a história em si não é tão antiga. Seja qual for sua origem, ela parece ter alcançado o auge da sua popularidade apenas em meados do século passado. Eis um trecho de uma das versões mais conhecidas dos anos 1960, *O macaco nu*, de Desmond Morris:

Devido ao período de dependência extremamente longo da prole e a suas grandes exigências, as fêmeas se viam quase sempre confinadas à base doméstica [...]. Os grupos de caça, ao contrário dos grupos dos carnívoros "puros", tiveram de se tornar totalmente masculinos [...]. Um primata viril sair numa excursão alimentar e deixar suas fêmeas desprotegidas contra os avanços de outros machos que pudessem aparecer era algo inédito [...]. A resposta foi o desenvolvimento de uma união monogâmica.

Essa narrativa, em outras palavras, procura remontar às origens da nossa espécie os arranjos socioeconômicos dominantes da classe média no final dos anos 1950 e começo dos anos 1960. É, a meu ver, a história do bairro de 5 milhões de anos. Os machos proto-humanos saem — todos eles, já que, pelo visto, nenhum é velho nem doente, nem fica por ali falando sobre o maravilhoso antílope que pegaram na semana passada. Saem todos os dias, o dia todo, levando suas lanças e zarabatanas para trabalhar e bater o relógio de ponto primordial. As fêmeas ficam em volta do fogo com as crianças, esperando os homens trazerem o bacon. O homem alimenta a mulher. A mulher propaga os genes do homem. Inúmeras dessas histórias, como depois apontaram antropólogas mulheres, estão preocupadas com a fidelidade feminina e o poder masculino. Elas acalmam essas preocupações explicando *por que* as fêmeas são fiéis e os machos poderosos: a fidelidade é trocada por um pedaço de carne.

Em 1966, chegou a haver uma conferência na Universidade de Chicago intitulada "Homem, o Caçador", que resultou num livro de mesmo nome. Numa busca da versão on-line do livro, no Google, a palavra "mulher" aparece pela primeira vez à página 74, na seguinte frase: "Os membros que não se movem são pessoas com menos capacidade física ou idosos, mulheres e crianças". A palavra "coletor" é igualmente rara, embora o livro pretenda tratar de coletores-caçadores. Tudo isso seria mera curiosidade histórica se as histórias não colassem. O pessoal do *mainstream* até as alas misóginas atuais alardeia essas coisas como fatos, mostrando como éramos e, com extrema frequência, como ainda somos.

Vim a aprender algumas coisas sobre essa estranha fantasia da biologia evolucionista no final dos anos 1990, quando escrevia um livro sobre a história da caminhada. Topei com a obra do anatomista C. Owen Lovejoy, que por mais de uma década vinha escrevendo sobre a evolução do andar humano em periódicos acadêmicos. Ele apresentava uma versão da lenda de Morris sobre a união monogâmica com maior complexidade técnica: "O bipedalismo apareceu nesse novo esquema reprodutivo porque, ao liberar as mãos, permitia que o macho transportasse o alimento coletado longe do seu par". Essa coisa de andar nos dois pés e essa coisa de usar a mão eram para os homens. As mulheres ficavam em casa, dependentes.

Um ensaio citadíssimo de Lovejoy, "The Origin of Man" [A origem do Homem], publicado em 1981, tem de fato uma seção chamada "A família nuclear", em que ele postula que Homem, o Caçador — que é mais monogâmico do que o caçador de Morris com "suas fêmeas" — levava comida para casa para sua fiel companheira e prole, e não para todo o grupo. Isso parece meio estranho, quando se está falando de um animal de grande porte abatido numa época quente ou de qualquer coisa caçada na companhia de amigos. Não seria mais provável dividir a presa e talvez fazer um banquete coletivo? Em todo caso, o argumento de Lovejoy é que os homens proviam e as mulheres esperavam. Ele discorre sobre o "índice de mobilidade reduzida das fêmeas". Em resumo: "A família nuclear e o comportamento sexual humano podem ter suas primeiras origens muito antes do início do Plistoceno".

Existem amplas indicações que contradizem a história do Homem, o Caçador. Nos anos 1950, Elizabeth Marshall Thomas morou com o povo do Kalahári, também chamado de san. Considera-se que eles mantiveram, até data recente, um modo de vida mais antigo do que praticamente qualquer outro povo na face da Terra. A alegação de Morris sobre "o período de dependência extremamente longo da prole", que mantinha as fêmeas "quase sempre confinadas à base doméstica", é manifestamente inverídica no caso dos san, como Thomas pôde ver.

O grupo inteiro se deslocava regularmente, e as famílias também podiam se deslocar independentemente do grupo. As mulheres que Thomas conheceu saíam e coletavam alimentos quase todos os dias. As crianças que já estavam grandes demais para ser carregadas, mas ainda eram pequenas para acompanhar o passo, costumavam ficar aos cuidados de alguém que permanecia no acampamento, enquanto as mães vagueavam em busca de comida. Thomas deixa claro que a caça e a coleta não são atividades totalmente separadas e fala em "presas lentas — tartarugas, cobras, caracóis e filhotes de aves que muitas vezes são encontrados pelas pessoas que estão coletando".

Não só os homens não eram os provedores exclusivos de alimento, como tampouco eram os provedores exclusivos de carne. Isso não significa que não levassem carne para casa ou que não tivessem sua importância. Significa apenas que todos levavam comida para casa, mesmo as crianças. Isso era fundamental. Thomas menciona um caçador excepcional, um atleta que conseguia alcançar um antílope na corrida. Um dia, ele matou três animais de grande porte. Ficou tomando conta das carcaças enquanto a esposa e a mãe iam chamar outros para ajudar a transportar a carne até o acampamento. Era realmente um grande caçador, mas dependia de mulheres de grande mobilidade e da comunidade estendida para ajudar com a presa. Thomas observa que "a carne unia as pessoas. Uma revigorante refeição de carne se destinava a todos". Os san não caçavam como chefes de famílias nucleares seguindo um modo de vida individualista; caçavam como integrantes de uma comunidade.

Os inuits também dividiam a carne, segundo Peter Freuchen, escritor e explorador que passou décadas vivendo entre eles no começo do século xx. Ele conta que uma vez sua esposa inuit escarneceu vivamente de uma mulher que foi muito avara na hora de partilhar uma foca abatida por seu marido. A partilha era regra de sobrevivência e também de etiqueta. Mesmo entre os inuits, um dos povos mais carnívoros do mundo, às vezes as mulheres acompanhavam os homens nas longas expedições de caça, pois os caçadores podiam morrer congelados nas temperaturas abaixo de zero caso suas roupas sofressem algum dano. As mulheres cuidavam da comida, das roupas e do abrigo.

As histórias usuais sobre a independência masculina, do tipo "era bem assim", também distorcem a dinâmica familiar dos agricultores sedentários e dos trabalhadores artesãos, industriais e do setor terciário. Os agricultores em sua maioria trabalhavam em casa — uma casa em acepção ampla, incluindo os campos e os pomares — e as famílias muitas vezes trabalhavam junto com eles. As mulheres e os filhos dos artesãos frequentemente participavam do trabalho de várias formas. Durante a Revolução Industrial, as mulheres e as crianças das classes operárias trabalhavam arduamente em fábricas e estabelecimentos escravizantes, como fazem hoje nas fábricas da Guatemala, da China e de Bangladesh.

Todos contribuem. Você pode dizer que as mulheres são dependentes, mas apenas se se dispuser a dizer que os homens também o são. A dependência não é um bom critério; interdependência seria melhor. As mulheres, na maioria, não foram e continuam não sendo inúteis e dependentes. As histórias sobre o Homem, o Caçador que carregam essa ideia de que os homens dão e as mulheres tomam, de que os homens trabalham e as mulheres são ociosas, não passam de justificativas de posições políticas atuais.

Um exemplar perfeito do fanfarrão dos direitos dos homens escreveu nas redes sociais, no começo deste ano, que as mulheres simplesmente nunca evoluíram:

> porque as mulheres nunca trabalharam. [...] E agora terminamos com essa cloaca cancerosa de degeneração feminina com que todos nós sofremos, entra dia, sai dia. Temos de largar as mulheres no mundo totalmente sozinhas, sem ajuda, e deixar que morram ou sobrevivam sem nenhuma espécie de ajuda ou interferência, para que então possam nos alcançar na evolução e atingir também o estágio de ser humano.

Sua fúria se baseia numa invenção, que seria ridícula se não fosse a forma extrema de uma crença amplamente compartilhada, que pinta um retrato muito triste da espécie humana, com homens e mulheres ocupando papéis fixos e alienados.

Há uma contradição interessante embutida nesse retrato: ele sugere, por um lado, que as mulheres nunca trabalharam e, por outro lado, que gerar e criar os filhos era uma tarefa tão assoberbante que as mulheres ficavam presas em casa — ou em cavernas ou em árvores. É como se todas as mulheres tivessem literalmente as mãos cheias de bebês o tempo inteiro, como Madonas nas pinturas, enquanto o mais provável é que as mulheres que realmente viravam mães passavam um período concentrado com as crianças de colo e dando os primeiros passos, mas não para sempre, e que levavam uma vida ativa antes, depois e muito possivelmente durante essa fase da maternidade.

As histórias que promovem a ideia da família nuclear patriarcal têm pouco a ver com o que as mulheres realmente fizeram ao longo da maior parte da história ou da pré-história. Sugerem que a condição humana sempre foi parecida com o que se esperava que as mulheres de classe média, casadas e do lar fizessem no século xx.

Mesmo Hannah Arendt descreve a condição feminina como algo que não ia muito além da procriação. Ela estava falando das características da Atenas clássica, onde as mulheres de recursos, as esposas e filhas dos cidadãos viviam basicamente confinadas em casa, o que restringia sua produtividade e participação. Não que os homens atenienses estivessem necessariamente produzindo muito; o alimento vinha do campo e de colônias distantes, e a maior parte do trabalho manual era realizada por escravos e camponeses. Isso significa que as mulheres atenienses continuavam a gerar filhos, enquanto os homens da cidade descontinuavam a gerar alimento. Apesar disso, Arendt escreve em *A condição humana*: "Era evidente que a preservação individual devia ser tarefa do homem e a sobrevivência da espécie tarefa da mulher, e essas duas funções naturais, o trabalho do homem em prover alimento e o trabalho da mulher em procriar, estavam submetidas à mesma premência vital".

Pelo visto, Arendt não conseguiu resistir à simetria entre "o trabalho do homem" e "o trabalho da mulher".* Mas devemos resistir. Durante a maior parte da história, o trabalho doméstico foi muito mais árduo do que agora. Consistia em cavar e carregar carvão ou cortar lenha, alimentar o fogo, bombear água, esvaziar urinóis, lavar tudo a mão, criar e matar animais, fazer pão, fiar lã e algodão, fazer tecidos e roupas, e muitas coisas mais partindo do zero. Mas geralmente eram casadas com homens de posses, que viviam no ócio. E o ócio era possível não por causa dos companheiros de caçada, e sim por causa da criadagem, também constituída em boa parte por mulheres.

Seja como for, o ócio não era a condição humana primordial nem é a condição da maioria das mulheres no mundo atual. Du-

---

* Na simetria apontada há um trocadilho: "*the labor of man*" e "*the labor of the woman*", visto que "labor" também significa "parto", como se os homens trabalhassem e as mulheres apenas dessem à luz. (N. T.)

rante um curto período no mundo ocidental, a industrialização facilitou a administração do lar e muitas mulheres de classe média não faziam parte da economia assalariada. Pode-se considerar algumas dessas mulheres como consumidoras improdutivas, desde que se desconte o trabalho envolvido em criar os filhos, cuidar da casa e atender ao marido que trabalha fora. Esse período se estendeu por várias décadas, mas não começou 5 milhões de anos atrás e definhou quando a redução salarial enviou um número muito maior de mulheres para o mercado de trabalho.

Neste momento, as mulheres constituem 47% dos assalariados nos Estados Unidos; 74% dessas mulheres trabalham em tempo integral. Em grande parte do mundo industrializado, os números são semelhantes ou mais altos. Em outros lugares, há mulheres plantando comida, carregando água e lenha, cuidando da criação animal, batendo raiz de mandioca, pilando cereais a mão.

O patriarcado — significando tanto a dominação masculina como as sociedades obcecadas com a sucessão patrilinear, que exige um controle rigoroso sobre a sexualidade feminina — tem criado, em muitos tempos e lugares distintos, diversas versões de mulheres dependentes e improdutivas, que ficam incapacitadas pela alteração do corpo ou das roupas, restritas ao lar, com acesso limitado ao ensino, ao emprego e à profissionalização por leis e costumes respaldados por ameaças de violência. Alguns misóginos reclamam que as mulheres são fardos imóveis, mas em grande parte foi a misoginia que levou as mulheres a serem assim.

Antropólogos e antropólogas antiautoritários e feministas vêm tentando inverter algumas dessas histórias. Em 1972, Elaine Morgan contrapôs aos argumentos da tropa que defende o Homem, O Caçador um livro chamado *The Descent of Woman* [A descendência da mulher]; em 1981, Sarah Blaffer Hrdy escreveu um livro mais sólido em termos científicos, *The Woman That Never Evolved* [A mulher que nunca evoluiu], que também apresentava teorias alternativas. Mesmo Marshal Sahlins, que participou da conferência "Man the Hunter" e contribuiu para o livro de mesmo nome, em 1972 publicou *Stone Age Economics* [A economia da Idade da Pedra], um tratado sustentando que os coletores-caçadores levavam uma vida de muito tempo livre e alimentos em abundância.

Mas todas essas histórias têm um pressuposto implícito: estamos fadados a permanecer como éramos muitíssimo tempo atrás. Por essa lógica, pode-se argumentar que, como costumávamos comer nossa comida crua, não devíamos cozinhá-la, ou que essa coisa do bipedalismo nem devia existir, já que antigamente a gente andava de quatro. Não faz tanto tempo assim, os seres humanos viviam com dietas quase totalmente vegetarianas em alguns locais quentes e com dietas quase totalmente carnívoras no ártico.

Somos uma espécie altamente adaptável. Vivemos em cidades, em grupos nômades, em unidades nucleares; somos polígamos, poliândricos, praticamos monogamia em série ou fazemos voto de celibato; casamos com pessoas de outro gênero ou do mesmo gênero, ou não nos casamos nunca; criamos nossos filhos biológicos, adotamos filhos alheios, somos tias e tios devotados ou detestamos crianças; trabalhamos em casa, num escritório, como lavradores safristas itinerantes ou como enfermeiras visitantes; vivemos em sociedades em que o apartheid por gênero é a norma ou nas quais todos se misturam ou onde a própria ideia de gênero como coisa binária e oposta está sendo repensada.

Existem elementos dados em nossa biologia e existem padrões particularmente comuns em nosso passado. Mas não somos necessariamente o que fomos outrora, e o que fomos outrora não é necessariamente o que dizem as histórias do tipo "é bem isso". O presente não é de maneira nenhuma como o passado recontado por essas histórias "bem isso", e tampouco o passado era. Precisamos parar de contar essa história da mulher que ficava em casa, passiva e dependente, esperando seu homem. Ela não estava ali esperando. Estava ocupada. Ainda está.

Os pombais quando as pombas saem

De vez em quando percebo que, na verdade, é impossível dizer qualquer coisa. As palavras são categorias gerais que amontoam coisas diferentes em aspectos importantes; *azul* são mil cores e *cavalo* é puro-sangue, é pônei, é brinquedo; *amor* significa tudo e nada; a linguagem é uma série de generalizações que traçam figuras incompletas que não transmitem absolutamente nada. Usar a linguagem é entrar no território das categorias, que são necessárias e igualmente perigosas.

As categorias transbordam. Eu ia escrever que todas as categorias transbordam, mas certamente é possível dizer coisas sobre os números primos ou as estrelas que são verdadeiras sem exceção. Todos os ratos-almiscarados são mamíferos e todos os presidentes americanos até o momento foram homens, mas muitas outras categorias são complexas, contendo uma verdade, mas também contradições e exceções a essa verdade. Mesmo a categoria *homens* agora é aberta a questionamentos, pelo menos quando contemplamos nossos 45 presidentes até essa data.

Alguém me disse outro dia que todos os judeus apoiam Israel.

Quando objetei, o sujeito me perguntou se eu tinha estado em Nova York ultimamente, certo de que esta seria uma prova contundente do seu argumento. Respondi que sim, e que acabava de concluir um livro sobre a cidade. Um dos mapas do livro trata dos judeus ou, melhor, como a categoria *judeu* contém pessoas de todas as espécies que mais ou menos se anulam mutuamente — sionistas e antissionistas, gângsters e humanitários, Harpo Marx e Sandy Koufax, Hannah Arendt, Bernie Madoff e Elena Kagan; o subtítulo do mapa é "De Emma Goldman a Goldman Sachs", caso alguém não notasse as contradições dentro da categoria. Meu interlocutor estava tomado pela ideia de que os judeus são uma massa homogênea com uma única mente, como uma gelatina ou uma pasta de lama sencientes.

A palavra "discriminação" significa duas coisas contraditórias. Em termos de percepção, discriminar é distinguir claramente, perceber em detalhe; em termos sociopolíticos, é se recusar a distinguir claramente, falhar em enxergar os indivíduos e as particularidades, deixando de ver para além da categoria. O racismo é uma discriminação movida por indiscriminação ou, pelo menos, pelo categórico. Claro que esta é uma afirmação categórica que encerra seu oposto. As categorias também são úteis e necessárias ao antirracismo: os corretores de créditos hipotecários tomavam como alvo os negros, que, assim, perderam uma porcentagem muito maior do valor líquido de seus imóveis na crise de 2008; as escolas, como mostram estudos recentes, muitas vezes castigam as crianças negras com mais severidade. Mas essas são descrições das condições de um grupo, e não sua essência.

A ideia de que um grupo é uma categoria hermeticamente fechada, cujos membros têm as mesmas maneiras de pensar, as mesmas convicções e eventualmente a mesma culpa, é essencial para a discriminação. Leva à punição coletiva, à ideia de que, se esta mulher o traiu, aquela outra pode ser brutalmente atacada; se alguns sem-teto cometem crimes, todos os desabrigados podem e devem ser punidos ou expulsos. O Supremo Tribunal concluiu certa vez que "as distinções entre cidadãos baseadas exclusivamente nos seus antepassados são, por sua própria natureza, odiosas a um povo livre cujas instituições se fundam na doutrina da igualdade. Por essa razão, a classificação ou discriminação legal baseada apenas na raça tem sido frequentemente considerada uma negação da proteção igualitária". Isso se deu no processo de Fred Korematsu, que protestou contra a iniciativa de prendê-lo e a outros nipo--americanos da Costa Oeste como ele durante a Segunda Guerra Mundial, mas o tribunal manteve a prisão apesar dessas belas palavras. Desde então, a discriminação vem se tornando cada vez mais ilegal, mas os hábitos mentais não são regulados pela lei.

As narrativas antirracistas também podem ser indiscriminadas. Alguns gostam de afirmar que a 19ª Emenda não deu o direito de voto a todas as mulheres, porque muitas (mas não todas) negras — e negros — do Sul não receberam o direito de voto até os anos 1960, embora as mulheres de algumas partes do Norte do país tenham recebido o direito de voto antes da 19ª Emenda. Por exemplo, as negras estavam votando em Chicago em 1913, enquanto Wyoming concedeu o direito de voto às mulheres em 1869 (e, numa anomalia ainda maior, as mulheres com bens, presumivelmente brancas, tiveram direito de voto em Nova Jersey desde 1807).

Tecnicamente, a 19ª Emenda reconhecia o direito de voto a todas as mulheres adultas cidadãs ou, melhor dizendo, estabelecia que ele não podia ser negado a ninguém "por causa do sexo"; é mais exato dizer que esse direito era negado em alguns lugares — e notar que os indígenas americanos que conservavam suas identidades tribais só vieram a receber o direito de voto com a Lei da Cidadania Indígena de 1924. Essas exceções são suficientes para invalidar a regra? É importante reconhecer as frestas nessas categorias? Como filtrar quem obteve o direito de voto em 1920? Qual é a escala de precisão dos crivos de seleção?

Os paleontólogos e os biólogos evolucionistas às vezes são classificados como agregadores ou divisores — dentro de categorias de acordo com o modo como analisam as evidências de sermos uma única espécie com grandes variações ou como espécies distintas e separadas. Para os paleontólogos, são poucos os materiais primários com que têm de trabalhar. Por vezes são refutados ou reforçados por indicações materiais posteriores: mesmo os estudos cuidadosos podem resultar em questões insolúveis ou em interpretações controversas. Mas os juízos que tecemos mutuamente são, amiúde, formulados sem consultar indícios e provas. As categorias se tornam, para algumas pessoas, sistemas de contenção. É muito habitual juntar num pacote só o que somos e o que fazemos, simplesmente desconsiderando o conjunto. Todos os judeus apoiam Israel. Todos os muçulmanos são jihads. Todas as lésbicas odeiam homens. Põe-se o mundo inteiro no mesmo saco, e pode-se parar de pensar.

A discriminação indiscriminada também leva a ideias de punição coletiva: quando se enxerga o outro como um organismo único — muçulmanos, judeus, negros, mulheres, gays, desabrigados, vagabundos —, pode-se atacar qualquer parte desse organismo. Foi o que Dylann Storm Roof, o assassino naquela igreja de Charleston, na Carolina do Sul, quis dizer quando atirou em nove homens e mulheres em 2015 e explicou que os negros estavam estuprando "nossas mulheres", sem tomar a situação como um quadro em que brancos — ele mesmo, em particular, naquele momento — estavam matando negros e negras.

Qualquer mulher individual é capaz de ser tratada como um referendo ambulante sobre as mulheres — somos todas emotivas, intrigantes, ruins em matemática? —, enquanto os homens estão relativamente livres desse tipo de categorização. Não ouvimos muitas generalizações sobre ser branco, e Roof ou Charles Manson não são considerados uma desgraça para a sua raça ou para o seu gênero. Ser tratado fora ou além das categorias pode ser uma espécie de privilégio, com status mais de indivíduo do que de espécie. É poder definir a si mesmo e ter espaço para isso. E sem dúvida a recusa de enxergar padrões é uma parte importante do discurso ou da ausência de discurso na nossa sociedade, em que todos os tiroteios em série são anomalias chocantes, mesmo quando eles agora se repetem de poucos em poucos dias.

Estar livre da discriminação é poder ser um indivíduo avaliado de acordo com seus próprios méritos. Mas torna-se uma forma de liberdade que permite que dados importantes escapem por entre as frestas. Por exemplo, a coisa que, até data muito recente, quase nunca se comentava a respeito dos tiroteios em série modernos é que quase todos eles foram cometidos por homens, e que esses homens eram, na sua maioria, brancos. Pelo contrário, tais episódios costumam ser apresentados ou como coisas tremendamente surpreendentes e misteriosas ou como decorrência de doenças mentais e outras especificidades que fazem de cada tiroteio uma ocorrência singular, como um floco de neve.

Exceto quando são cometidos por pessoas de origens islâmicas, e nesses casos os tiroteios são chamados de *terrorismo* e tomados como manifestos políticos associados a movimentos políticos — embora no caso de Omar Mateen, nascido nos Estados Unidos, que matou mais de cinquenta pessoas numa boate queer em Orlando, neste mês de junho, fosse apenas um anseio ou um pretexto numa vida infeliz, em que a idealização da violência e a incapacidade de se relacionar são parecidas com as da maioria dos outros assassinos em série que geramos aqui no país.

Não temos sequer um termo, e menos ainda um debate sobre o tipo mais comum de homicídio em massa, que poderíamos chamar de *familicídio*, o homem ensandecido que mata não só a esposa, foco principal da sua fúria, mas também os filhos e outros membros da família, às vezes colegas de trabalho ou circunstantes, e às vezes a si mesmo. A falta de uma categoria significa ausência de termos para descrever um fenômeno comum e, assim, reconhecer os seus parâmetros e a sua grande frequência. Se as categorias abarcam, este é um fenômeno que extrapola a categorização.

Se houvesse uma epidemia de tiroteios em série cometidos por, digamos, indígenas americanos ou por lésbicas, as características físicas dos atiradores seriam notadas, apareceriam sarcasmos exaltados, provavelmente alguém sugeriria prender ou excluir a categoria inteira. "Um fato de vida ou morte cada vez mais horrendo nos Estados Unidos é que o fácil acesso a armas de fogo oferece a americanos perturbados o poder de materializar suas insatisfações em público", escreveu o editorial do *New York Times* após um massacre desses, como se não fosse possível estreitar melhor as probabilidades sobre a autoria desses atentados, para além dessa coisa da cidadania. Gostaria que isso fosse feito não como acusação, mas como diagnóstico capaz de levar a algum tipo de tratamento; se se reconhece que as mulheres são muito mais imunes ao desejo de massacrar e, no geral, são menos violentas (com algumas bombásticas exceções, claro), talvez fosse possível apontar com mais precisão as causas da violência extrema. Ou pelo menos mostrar quem é assustador.

Em contraste, alguns aproveitam qualquer crime cometido por uma pessoa negra para criminalizar todos os negros. O surgimento da organização Black Lives Matter veio acompanhado pela pressão embaraçosa de brancos exigindo que cada pessoa negra explicasse ou se desculpasse pelos distúrbios turbulentos em Ferguson ou Baltimore ou por outros incidentes parecidos, como se cada pessoa negra que vissem fosse responsável por toda a população negra. Não é possível ser racista sem uma fé acrítica em categorias.

Não ver categorias também pode ser uma forma de percepção. Um mestre taoista contava uma história que ouvi quando era muito jovem e ainda volto a ela: o duque Mu de Chin manda um sábio encontrar um cavalo que seja excepcional. O homem retorna com o que ele descreve como uma égua baia, mas o animal é um garanhão negro — e excepcional, conforme o solicitado. Um amigo do comprador do cavalo comenta: "Concentrado nas qualidades internas, ele perde de vista as externas... Ele olha as coisas que deve olhar e deixa de lado as que não precisam ser olhadas". Não vendo a superfície, o sábio vê a profundeza. Num dia de São Patrício, quando minha mãe irlando-americana já estava no estágio do Alzheimer em que o cérebro não processava de forma confiável o que via, ela perguntou a um negro se ele também era irlandês. Ele ficou encantado, pois de fato era em parte irlandês, mas as pessoas raramente pensam em perguntar sobre os antepassados europeus de uma pessoa de pele escura.

Isso é diferente de imaginar que podemos ser cegos à cor da pele numa sociedade em que ela afeta nossa posição social, nossa experiência de vida, nossas oportunidades e nossas chances de sermos alvos da polícia. Na verdade, o que estou defendendo é a possibilidade de uma arte de usar e não usar categorias, de sermos hábeis, maleáveis e imaginativos ou, talvez, estarmos apenas bem despertos na maneira de imaginar e descrever o mundo e nossas vivências nele. Nem muito apertado, nem muito frouxo, como disse um mestre zen certa vez. As categorias são necessárias para a fala, principalmente para a fala social e política, em que tratamos de tendências gerais. São fundamentais para a linguagem; se a linguagem é feita de categorias — chuva, sonhos, prisões —, então a fala é uma questão de aprender a reger a orquestra de palavras e levá-la a algo preciso e até belo, talvez. Ou, pelo menos, a descrever bem nosso mundo e tratar os outros com imparcialidade.

Uma parte dessa arte consiste em aprender a reconhecer exceções. Um médico que conheço cita um aforismo apropriado que aprendeu durante a sua residência. Era algo mais ou menos assim: "Quando vê marcas de cascos, você pensa num cavalo, mas às vezes é uma zebra". Ou seja, os sintomas conhecidos costumam indicar a doença conhecida, mas às vezes apontam algo completamente diferente. Uma categoria é um conjunto de pressupostos; o aforismo nos relembra que às vezes nossos pressupostos estão errados e que o particular nem sempre se enquadra no geral. Mas o fato ocasional de ser uma zebra não invalida o padrão de serem usualmente cavalos.

Alguns dos debates mais acalorados da nossa época ocorrem quando os lados opostos insistem que tudo numa determinada categoria corresponde apenas à sua própria versão do fenômeno. Em debates recentes sobre a prostituição, uma das posições mais dogmáticas insiste que as prostitutas — pelo visto, todas as prostitutas — são agentes livres cujas escolhas de estilo de vida e profissão devem ser respeitadas e deixadas em paz. Conheci algumas profissionais do sexo brancas e de classe média. Conservavam o controle sobre o que e com quem faziam, além de terem a opção de largar a atividade quando deixasse de ser o que queriam fazer.

É claro que essa experiência de ser profissional do sexo por iniciativa própria existe. Existe também o tráfico sexual, existe o encaminhamento forçado de crianças, imigrantes e outras categorias de pessoas social e economicamente vulneráveis à prostituição. A prostituição não é uma categoria de pessoas livres ou escravizadas, e sim de ambas. E sem dúvida há áreas cinzentas entre as duas. Como se pode sequer falar e menos ainda propor a regulamentação de uma categoria tão repleta de contradições internas? Talvez seja um problema de linguagem, como em tantas outras coisas, e precisamos de termos diferentes para falar de categorias diferentes de pessoas que fazem sexo por dinheiro.

Em 2014, quando as mulheres queriam falar sobre violência sexual, muitas vezes eram confrontadas por homens que queriam se concentrar no fato de que nem todos os homens são estupradores. Esse subconjunto de homens até criou uma hashtag, *#notallmen*, como se a questão central fossem eles, com sua reputação e suas comodidades, e não esse flagelo sobre a Terra. É um problema de lógica e linguagem: os estupradores estão longe, muito longe de abranger todos os homens; imaginávamos que todos entendiam isso, mas praticamente todos os estupradores são homens, e assim tem sua utilidade poder dizer que homens estupram (e homens e garotos também são estuprados, mas muito menos do que mulheres e meninas).

Segundo a excelente história do estupro *Asking for It* [Pedindo por isso], de Kate Harding, 98% dos estupradores são homens. Há exceções. Um aluno de uma faculdade da Ivy League quis saber por que eu insistia em falar sobre gênero quando falava sobre estupro. Outro aluno de lá comentou que minhas ideias de gênero eram "muito binárias". Falo binariamente sobre o gênero porque é com essa base binária que as pessoas costumam operar. O estupro é, entre outras coisas, um rito de afirmação dessas categorias de quem tem e de quem não tem direitos, e muitas vezes é um ato de hostilidade contra um gênero. Nenhum dos estupradores das repúblicas masculinas e das irmandades universitárias parece interessado em olhar além do gênero, embora talvez isso fosse essencial para acabar com a cultura do estupro. Ou seja, possibilitar que se veja uma categoria comum de humanidade que ultrapassa categorias separadas de órgãos genitais e papéis de gênero.

O fato de imaginarmos os dois gêneros principais como opostos ou em oposição fecha as categorias e as maneiras como se definem mutuamente. A ideia de que o gênero é um falso binário tem a sua utilidade, mas o gênero também tem a sua inegável utilidade para falarmos sobre quem faz e tem feito o que a quem, ao longo das eras. Se, por exemplo, não fôssemos capazes de notar que todos os nossos presidentes até agora foram homens, não poderíamos sugerir que em algum momento é preciso corrigir essa situação. *Homens e mulheres, masculino e feminino*: é assim que as pessoas têm organizado grande parte do seu pensamento social desde muito tempo. "Homem e mulher Ele os criou", diz o Antigo Testamento, e vale lembrar que as firmes convicções bíblicas sobre o que são os homens e as mulheres ainda nos acompanham, caso você não esteja a par dos recentes debates cristãos conservadores sobre o casamento.

Temos de falar e, ao falar, temos de usar categorias como *negro* e *branco, masculino* e *feminino*. Também precisamos entender os limites dessas categorias, as suas fendas e porosidades, e que *masculino* e *feminino* são adjetivos de *negro* e *branco* e vice-versa. As exceções às categorias são importantes, tanto os indivíduos que nasceram com anomalias anatômicas como os que têm uma relação anômala com a sua anatomia e cuja identidade é decorrente disso. A Sociedade Intersexo da América do Norte observa: "Se perguntamos a especialistas dos centros médicos com que frequência nasce uma criança com características tão perceptivelmente atípicas nos órgãos genitais que precisam chamar um especialista em diferenciação dos sexos, o número apresentado varia entre um em 1500 e um em 2 mil nascimentos. Mas há uma quantidade muito maior de pessoas que nascem com formas mais sutis de variações na anatomia sexual, algumas das quais só aparecerão mais tarde na vida". Quanto a estas, calculam uma incidência de um em cem. Isso significa que há nos Estados Unidos milhões de pessoas que não correspondem inteiramente, nem mesmo em termos biológicos, às nossas categorias.

Os autores do texto naquele website defendem a palavra "intersexo" não como uma categoria, mas sim como um termo que nos permite reconhecer a porosidade das categorias e que alguns de nós não cabemos nelas:

"Intersexo" é um termo geral usado para uma variedade de condições em que uma pessoa nasce com uma anatomia sexual ou reprodutora que parece não se enquadrar nas definições típicas de feminino ou masculino. Por exemplo, pode nascer uma pessoa com aparência externa feminina, mas, internamente, com predomínio da anatomia masculina típica. Ou pode nascer com órgãos genitais que parecem intermediários entre os tipos masculino e feminino usuais — por exemplo, uma menina pode nascer com um clitóris visivelmente grande ou sem abertura vaginal, ou um menino pode nascer com um pênis notavelmente pequeno ou com um saco escrotal dividido, formado à semelhança de grandes lábios. Ou pode nascer com uma genética mista, e algumas de suas células têm cromossomos xx e algumas têm cromossomos xy.

No linguajar contemporâneo, o sexo é biológico e o gênero é socialmente construído; o primeiro está nas nossas roupas e genes, o segundo na nossa cabeça. Talvez isso venha a mudar se as pessoas se deixarem tolher menos pelas atividades e paramentos que acompanham o gênero que lhes é designado: os jovens estão avançando no processo de desmantelamento desse sistema, desmantelamento este que queers e feministas vêm empreendendo há décadas, tanto na identidade quanto no desejo. (Num estudo recente, 46% de jovens entre dezoito e 24 anos se identificaram como totalmente heterossexuais, 6% como totalmente queer e quase metade numa posição intermediária.) Alguns não permitem que o gênero os defina.

Foi em minha cidade natal, San Francisco, que o primeiro homem deu à luz uma criança (de que temos notícia). Costumamos pensar que dar à luz é trabalho de mulher, mas um homem trans na minha cidade, que conservou o útero dele, teve uma criança antes do caso muito mais divulgado de Thomas Beatie em 2008. Uma coisa legal no caso Beatie é que o homem carregou e pariu três filhos porque a esposa era estéril e ele não. As categorias têm frestas, e algumas delas tendem a ser revistas. Nunca pensei que iria escrever "o útero dele". Às vezes, mas nem sempre, essa porosidade nas categorias é motivo de comemoração.

Oitenta livros que nenhuma mulher deveria ler
(2015)

Alguns anos atrás, a *Esquire* montou uma lista que volta e meia retorna dos mortos como um zumbi para assombrar a internet. O título "Oitenta melhores livros que todos os homens deveriam ler" é um lembrete que é uma revista masculina e que, se agora há muitos jovens rejeitando o binarismo de gênero, eles estão se revoltando contra gente em posição muito mais sólida, que constrói o gênero como uma Cortina de Ferro dividindo a humanidade.

É claro que revistas femininas, como a *Cosmopolitan*, passaram décadas dando instruções igualmente problemáticas sobre a feminilidade e como ser mulher. O fato de passarem tanto tempo publicando mensalmente instruções sobre as maneiras de ser de um ou do outro gênero principal talvez apenas revele muito sobre a fragilidade do conceito de gênero. Os homens devem ler livros diferentes dos das mulheres? Nessa lista da *Esquire*, eles não devem ler nem sequer livros *escritos* por mulheres, exceto um de Flannery O'Connor entre 79 escritos por homens.

O autor comenta *É difícil encontrar um homem bom e outros contos* com uma citação: "Ela até seria uma boa mulher... se houvesse alguém ali para atirar nela a cada minuto da sua vida". Atirar nela. O que combina muito bem com o comentário para *As vinhas da ira*, de John Steinbeck: "Pois o que interessa são os peitos". Em outras palavras, livros são manuais de instruções; você os lê para ser homem, e é por isso que os homens precisam de uma lista. E o que é um homem? O comentário sobre *O chamado da selva*, de Jack London, nos diz: "Um livro sobre cães é também um livro sobre homens". Mano é tudo doido, imagino eu.*

O exame da lista, cheia dos livros mais machos de toda a história, montes de livros de guerra, e só um deles escrito por um gay assumido, serviu para me lembrar que, se é duro ser mulher, em muitos aspectos é mais duro ainda ser homem, esse gênero que precisa defender e demonstrar o tempo inteiro sua masculinidade. Olhei a lista e de repente me ocorreu: *Não admira que existam tantos assassinatos em massa*. É a expressão suprema da masculinidade quando a coisa é posta dessa forma, embora, felizmente, muitos homens tenham maneiras mais simpáticas e educadas de estar no mundo.

A lista me fez pensar que devia existir outra, com alguns dos mesmos livros, chamada "Oitenta livros que nenhuma mulher deveria ler" — embora, claro, eu ache que todo mundo deva ler o que quiser. Só acho que alguns livros são manuais de instruções explicando os motivos pelos quais as mulheres não passam de escória ou mal existem, a não ser como acessórios, ou por que são intrinsecamente pérfidas e vazias. Ou são manuais ensinando a versão de masculinidade que consiste em ser bruto e insensível, aquele conjunto de valores que irrompe como violência em casa, na guerra e por meios econômicos. Quero provar que não sou misândrica começando minha lista com *Quem é John Galt?*, de Ayn

---

* Parodiando a frase "Mina é tudo doida" [*Bitches be crazy*], dita por um personagem do seriado *The Big Bang Theory*. (N. T.)

Rand, porque qualquer livro tão apreciado pelo congressista Paul Ryan tem parte da responsabilidade pela miséria que ele tanto se empenha em criar.

Por falar em manuais de instruções sobre as mulheres como não pessoas, quando li pela primeira vez *On the road — pé na estrada* (que não está na lista, embora *Os vagabundos do Dharma* esteja), percebi que o livro supunha que você se identificasse com o protagonista, que se acha muito sensível e profundo mesmo quando larga a jovem namorada mexicana, deixando-a com todos os problemas que criou para ela. O livro supõe que você não se identificará com a moça, que não põe o pé na estrada e não chega a ser tratada como muito mais do que um mero receptáculo descartável.

Eu me identifiquei com ela, assim como com Lolita (e *Lolita*, aquela obra-prima da falta de empatia de Humbert Humbert, está na lista da *Esquire* com uma descrição muito recatada). Acabei perdoando Kerouac, assim como perdoei Jim Harrison por objetificar a luxúria nos seus livros, porque ambos têm qualidades redentoras. E há uma pureza interiorana na lascívia de Harrison, ao contrário da de Charles Bukowski e Henry Miller.

Claro que esses três estão na lista da *Esquire*. Como disse a editora da revista *n+1*, Dayna Tortorici: "Nunca vou esquecer quando li *Cartas na rua* de Bukowski e me senti horrível com o modo como o narrador descreve as pernas grossas das feiosas. Creio que foi a primeira vez que me senti rejeitada por um livro com o qual eu tentava me identificar. E, no entanto, absorvi aquilo e claro que me fez odiar meu corpo e tudo mais". Alguns anos atrás, a escritora Emily Gould qualificou Bellow, Roth, Updike e Mailer como os "misóginos de meados do século", o que descreve bem esses quatro sujeitos da lista da *Esquire* que eu também poria na minha lista.

Ernest Hemingway também está na minha zona de não leitura, pois, se o cara tanto aprendeu com Gertrude Stein, não devia ser homofóbico, misógino e antissemita, e, além disso, matar animais de grande porte nunca deveria ser sinônimo de masculinidade. Esse lance de arma-pênis-morte, além de feio, é muito triste. E também porque a prosa em estilo conciso e reprimido fica, nas mãos de Hemingway, afetada, pretensiosa e sentimental. O sentimental macho é o pior tipo de sentimental, porque se ilude sobre si mesmo de uma maneira que, digamos, um Dickens, honestamente emotivo, nunca se iludiu.

Além disso, as merdas que Hemingway falou sobre o tamanho do pênis de F. Scott Fitzgerald foram lamentáveis e bastante transparentes, na época em que Fitzgerald era um autor de muito mais sucesso. E Fitzgerald ainda é muito melhor do que ele, com frases com uma maleabilidade de seda, enquanto a prosa de Hemingway é feita de blocos de Lego, e a empatia de Fitzgerald não se resume aos personagens masculinos, pondo-se também no lugar de Daisy Buchanan e Nicole Diver. (*Suave é a noite* pode ser lido como, entre outras coisas, um exame das profundas consequências do incesto e do abuso infantil.)

Norman Mailer e William Burroughs iriam lá para o alto da minha lista de nãos, pois há inúmeros escritores que podemos ler e que não esfaqueavam nem atiravam na esposa (e porque um escritor que todos deviam ler, Luc Sante, escreveu trinta anos atrás um texto magnífico sobre a horrenda política de gênero de Burroughs, e que teve grande influência em mim). Para lá iriam todos aqueles romances de autores homens que parecem acreditar que tamanho é tudo, aquelas monstruosidades de novecentas páginas que, se tivessem sido escritas por mulheres, seriam chamadas de gordas e mandadas fazer regime. Todos aqueles livros lúbricos sobre crimes violentos contra mulheres, em especial o caso do assassinato de Black Dahlia [Dália Negra, como era conhecida Elizabeth Short], que é um exemplo pavoroso do grau de violência contra as mulheres que alguns homens erotizam para outros homens, e que leva as mulheres a interiorizarem esse ódio. Como Jacqueline Rose observou recentemente na *London Review of Books*: "O patriarcado prospera encorajando as mulheres a se desprezarem". Também sei que existe um escritor chamado Jonathan Franzen, mas dele só li os repetidos ataques a Jennifer Weiner em entrevistas.

Há livros bons e ótimos na lista da *Esquire*, muito embora *Moby Dick*, que eu adoro, me faça lembrar que um livro sem mulheres costuma ser considerado um livro sobre a humanidade, mas um livro com mulheres em primeiro plano é tido como livro de mulher. E com essa lista você iria aprender sobre as mulheres com James M. Cain e Philip Roth, que não são os especialistas mais adequados a que se recorrer, não quando existem as grandes obras de Doris Lessing, Louise Erdrich e Elena Ferrante. Olho a minha prateleira de favoritos e vejo Philip Levine, Rainer Maria Rilke, Virginia Woolf, Shunryu Suzuki, Adrienne Rich, Pablo Neruda, Subcomandante Marcos, Eduardo Galeano, James Baldwin. Nesses livros, são dadas instruções sobre alguma coisa, é como ampliar e abrir a nossa identidade ao mundo humano e não humano na imaginação, como um grande gesto de empatia que não nos encerra no nosso gênero, mas nos eleva acima de nós mesmos.

Pós-escrito: Este artigo saiu inicialmente no Lithub.com, onde recebeu grande atenção on-line, levando a *Esquire* a me responder: "O que podemos dizer? Erramos. Nossa lista de 'Oitenta melhores livros que todos os homens deveriam ler', publicada vários anos atrás, levou uma repreensão merecida por causa da sua falta de diversidade, tanto nos autores quanto nos títulos. Assim, convidamos oito importantes figuras literárias femininas, de Michiko Kakutani a Anna Holmes e Roxane Gay, para nos ajudar a criar uma nova lista".

Homens me explicam *Lolita*
(2015)

É um fato universalmente reconhecido que uma mulher em posse de uma opinião deve estar precisando de um corretivo. Bom, na verdade não é, não, mas quem não gosta de parafrasear Jane Austen e a sua famosa frase de abertura? A resposta é: um monte de gente, porque todas nós somos diferentes e nem todas leram *Orgulho e preconceito* dezenas de vezes, mas a questão principal é que tenho feito umas experiências interessantes, expressando as minhas opiniões, e ando descobrindo que algumas pessoas, em especial homens, reagem a partir do princípio de que a minha opinião está errada enquanto a delas está certa, pois acreditam piamente que a opinião delas é um fato, enquanto a minha é uma ilusão. Às vezes também parecem achar que são donas da verdade e donas de mim.

Não é uma verdade universal que alguém que toma suas opiniões por fatos também pode se achar Deus. Isso pode acontecer se o sujeito não tiver tido contato suficiente com outras experiências, e que também foram criadas da mesma maneira, com certos direitos inalienáveis, e também têm na cabeça aquela coisa da consciência, que é tão interessante e complicada. É um problema que afeta especialmente os homens brancos heterossexuais, porque faz muito tempo que o mundo ocidental ergue um espelho na frente deles — e converte as mulheres submissas em espelhos que lhes devolvem uma imagem com o dobro do tamanho real, como notou Virginia Woolf. O resto de nós nos acostumamos ao transgênero e ao cruzamento racial das nossas identidades quando nos detemos em protagonistas que vão de Ismael e David Copperfield a Dirty Harry e Holden Caulfield. Mas os homens brancos, nem tanto. Cunhei algum tempo atrás o termo "privelobliviousness" para descrever como o indivíduo privilegiado, o indivíduo representado o tempo todo, se isenta de ter uma consciência e, muitas vezes, de fato não tem uma. É, à sua maneira, uma forma de perda.

Boa parte do feminismo consiste em mulheres expondo experiências até então não reveladas, e boa parte do antifeminismo consiste em homens lhes dizendo que essas coisas não acontecem. O estuprador pode lhe dizer: "Você não foi estuprada", e aí, se você insistir, ele pode ameaçá-la de morte, pois matar é o jeito mais simples de ser a única voz na sala. As pessoas não brancas também ouvem asneiras muito parecidas, dizendo que não existe racismo, que elas não são tratadas de maneira diferente, que a raça não afeta ninguém, pois quem melhor para falar disso do que as pessoas brancas que tentam silenciar os outros? E as pessoas queer também, mas todos nós já sabemos disso, ou devemos saber se estivermos prestando atenção.

Prestar atenção é o ato fundamental da empatia, de ouvir, ver, imaginar outras experiências além das pessoais, de sair dos limites da experiência própria. Um argumento bastante usual é que os livros nos ajudam a sentir empatia, mas, se eles fazem isso, o fazem nos ajudando a imaginar que somos gente que não somos. Ou a nos aprofundarmos mais em nós mesmos, a entendermos melhor o que significa sofrer uma desilusão amorosa, ou estar doente, ou ter seis ou 96 anos de idade, ou se sentir totalmente perdido. Não só versões do nosso eu, apresentado como algo maravilhoso, eternamente justificado, sempre certo, vivendo num mundo onde os outros só existem para ajudar a aumentar a nossa grandiosidade, embora esses tipos de livros, de quadrinhos e filmes existam em profusão para atender à imaginação masculina. E servem para lembrar que a arte e a literatura também podem nos ajudar a não ter empatia, se nos sequestrarem e nos encerrarem na Velha e Tediosa Fortaleza do Próprio Grandioso Eu.

É por isso que me diverti outro dia implicando com um cânone literário muito macho, montado pela *Esquire* como "Oitenta melhores livros que todos os homens deveriam ler", 79 deles escritos por homens. Parecia reforçar esse caráter estreito da experiência. Na resposta, meu argumento não foi que todo mundo devia ler livros escritos por mulheres — embora seja importante mudar o equilíbrio da balança —, e sim que toda a questão da leitura é ser capaz de explorar e também transcender o próprio gênero (e raça, classe, orientação sexual, nacionalidade, momento na história, idade, capacidade) e sentir como é ser outra pessoa. Alguns homens não gostaram do que falei. Muitos dos integrantes desse curioso gênero ficam nervosinhos à toa, e quando isso acontece nem percebem. Apenas acham que a gente está errada e que às vezes é por maldade.

Este ano, falou-se muito sobre estudantes universitários — isto é, estudantes mulheres, estudantes negros, estudantes trans — dizendo que são hipersensíveis e querem que os outros sejam censurados. Foi por isso que o *Atlantic*, uma publicação esquisita que vai do progressismo ao reacionarismo e depois volta como um pêndulo impetuoso, publicou recentemente um artigo sobre "Os afagos na mente americana". O artigo nos diz que "Jerry Seinfeld e Bill Maher condenaram publicamente a excessiva suscetibilidade dos estudantes universitários, dizendo que muitos deles não conseguem aceitar uma piada", invocando os nomes desses dois sujeitos brancos e velhos como autoridades definitivas.

Mas, sério: você sabe quem não consegue aceitar uma piada? São os sujeitos brancos. Não quando a piada se refere a eles e ao universo deles; e quando vemos a fúria ou recebemos as ameaças, estamos vendo uns caras que realmente esperavam ter tudo o que queriam, ouvindo o tempo todo como são maravilhosos. E aqui, só para deixar registrado, esclareço que não estou dizendo que são todos incapazes de aceitar uma piada. Muitos homens brancos — entre os quais tenho muitos amigos (e, naturalmente, meus parentes quase tão branquelos quanto eu) — têm senso de humor, esse talento de enxergar a distância que existe entre as coisas como são e como deveriam ser, e de ver para além dos limites da própria posição. Alguns têm profunda empatia e percepção, e escrevem tão bem quanto os outros. Alguns são defensores dos direitos humanos.

Mas também há aqueles que aparecem e querem afagos. Um grupo de estudantes universitários negros não gosta de alguma coisa; reivindicam algo diferente de maneira muito civilizada, e são acusados de exigirem afagos, como se exigissem armas nucleares ou exigissem que você lhes entregue a carteira sob a mira de um revólver. Um grupo de *gamers* brancos não gosta do que uma crítica cultural fala sobre a misoginia nos jogos virtuais, e passam cerca de um ano perseguindo a mulher com uma enxurrada interminável de ameaças de estupro, ameaças de morte, ameaças de bomba, escarafunchando e divulgando coisas particulares dela, e por fim terminam com a ameaça de um massacre citando como modelo exemplar Marc Lépine, o misógino de Montreal que assassinou catorze mulheres em 1989. Estou falando, claro, do caso de Anita Sarkeesian e o GamerGate. Esses caras é que podíamos — devíamos — chamar de mimados. E será que eles achavam mesmo que todo mundo julgava lindo e maravilhoso tudo o que diziam, gostavam e faziam, ou simplesmente se conservava em silêncio? É, decerto achavam, pois ficaram nessa por muito tempo.

Outro dia, mexi num vespeiro ao manifestar opiniões feministas sobre alguns livros. A coisa acabou se concentrando toda em *Lolita*. O argumento usual de que romances são bons porque inculcam empatia tem como pressuposto que a gente se identifica com os personagens, e ninguém é advertido por se identificar com Gilgamesh ou mesmo com Elizabeth Bennett. Só que, quando você se identifica com Lolita, você está deixando claro que é um livro sobre um homem branco estuprando repetidamente uma menina ao longo de vários anos. Você vai ler *Lolita* fazendo o máximo esforço em não perceber que o enredo é este e que estes são os personagens? A narrativa não pode ter nenhuma relação com a sua experiência pessoal?

A única coisa que eu realmente disse foi que, assim como eu tinha me identificado com um personagem tratado com menosprezo em *On the Road — Com o pé na estrada*, eu me identifiquei com Lolita. Li muitos romances de Nabokov tempos atrás, mas um romance concentrado no estupro em série de uma menina mantida como refém, na época em que eu tinha mais ou menos a mesma idade dela, era um pequeno aviso lembrando como o mundo ou, melhor, como os homens que viviam nesse mundo podiam ser hostis. Não é uma coisa agradável.

A onipresença de homens estuprando meninas como tema literário, desde *Tess dos d'Urbervilles* de Thomas Hardy a *Abaixo de zero* de Brett Easton Ellis, além de narrativas verídicas como a de Jaucee Dugard (raptada aos onze anos, em 1991, e usada como escrava sexual por um homem da Bay Area durante dezoito anos) ou de Elizabeth Smart (raptada em 2002 e usada da mesma forma durante nove meses), pode ter o efeito cumulativo de lembrar às mulheres que passamos boa parte da vida em silêncio, tentando estrategicamente não ser estupradas, o que nos cobra um preço enorme e afeta o nosso senso de identidade. Às vezes a arte nos avisa da vida.

O romance de Hardy é, na verdade, uma tragédia sobre o que acontece quando a incapacidade de agir de uma moça pobre, começando por não ter o direito de se negar ao sexo que lhe é imposto por um homem rico, entra numa espiral que lhe destrói a vida em grande estilo. Poderia ser visto como um grande romance feminista. Existem muitos escritores homens, mesmo antigos, nos quais vejo humanitarismo e empatia em relação aos seus personagens, tanto masculinos como femininos: Wordsworth, Hardy, Tolstói, Trollope, Dickens me acorrem à mente. (Que nenhum deles é um ser humano perfeito e imaculado, podemos conversar outra hora, talvez no dia de São Nunca.)

Muitas vezes faz-se à arte um ataque que se julga uma defesa. É o argumento de que a arte não exerce nenhuma influência na nossa vida; que não é perigosa e, portanto, toda arte é irrepreensível; que não temos razões para fazer qualquer objeção a qualquer obra de arte, e que qualquer objeção é censura. Nunca ninguém contestou esse tipo de visão com elegância maior do que o grande crítico falecido Arthur C. Danto, cujo ensaio de 1988 sobre o assunto teve papel formador nas minhas reflexões. Isso foi na época em que senadores de direita queriam censurar a arte ou acabar totalmente com o órgão federal de financiamento artístico, o National Endowment for the Arts (NEA). Eram contrários às obras de arte que o NEA subsidiara, entre elas as imagens de refinado formalismo de Robert Mapplethorpe com homens envolvidos em jogos sado-masoquistas. Segundo eles, era algo perigoso, que podia afetar a mentalidade e a vida das pessoas, e então toda a nossa cultura. Alguns defensores adotaram a infeliz posição de que a arte não é perigosa porque, em última instância, não exerce nenhuma influência.

Fotos, ensaios, romances e tudo o mais podem mudar a nossa vida; são perigosos. A arte molda o mundo. Conheço muitas pessoas que leram um livro que acabou determinando o que fariam na vida ou lhes salvou a vida; se não há um livro particular que me salvou, é porque centenas ou milhares me salvaram. Existem razões mais complexas e menos urgentes para ler, inclusive o prazer, e o prazer é uma coisa importante. Danto descreve a concepção de mundo daqueles que acreditam num sistema de segregação entre arte e vida da seguinte maneira: "Mas o conceito de arte coloca entre a vida e a literatura uma membrana muito resistente, que garante a incapacidade do artista em infligir dano moral desde que se reconheça que o que ele faz é arte". A questão de Danto é que a arte pode infligir, e muitas vezes inflige, um dano moral, assim como outros livros fazem bem. Ele cita os regimes totalitários, cujas autoridades reconheciam com grande clareza que a arte pode mudar o mundo e reprimiam as obras dotadas dessa capacidade.

Pode-se interpretar de várias maneiras a relação de Nabokov com seu personagem. Vera Nabokov, a esposa do escritor, observou: "Gostaria, porém, que se notasse a terna descrição da menina, a sua patética dependência do monstruoso HH e a sua comovente coragem ao longo de tudo…". E as mulheres que leram o romance de Nabokov sob o regime repressor do Irã, diz Azar Nafisi em seu famoso livro *Lendo* Lolita *em Teerã*, também se identificaram:

> Lolita pertence a uma categoria de vítimas que não têm defesa e nunca têm a oportunidade de contar a sua própria história. Assim ela se torna duplamente vítima — não só a sua vida, mas também a sua história lhe são tiradas. Dissemos a nós mesmas que estávamos naquela classe para impedir que caíssemos vítimas desse segundo crime.

Quando escrevi o ensaio que provocou reações tão furibundas, estava tentando dizer que existe um corpo literário canônico em que as histórias das mulheres lhes são retiradas, em que a única coisa que temos são histórias de homens. E que às vezes são livros que não só não descrevem o mundo de um ponto de vista feminino, mas também inculcam a difamação e a degradação das mulheres como coisa bacana de se fazer.

Scott Adams, o criador do personagem de quadrinhos Dilbert, escreveu recentemente que vivemos num matriarcado porque "o acesso ao sexo é estritamente controlado pela mulher". Ou seja, você não consegue ter sexo com alguém a menos que a pessoa queira ter sexo com você, o que, se não usarmos pronomes pessoais, parece plenamente sensato. Você não vai ganhar um pedaço do sanduíche de alguém a menos que a pessoa queira dividir o sanduíche dela com você, e isso não é uma forma de opressão. Decerto você aprendeu isso desde o jardim de infância.

Mas, se você acha que fazer sexo com um corpo feminino é um direito que os homens heterossexuais têm, então as mulheres são mesmo aquelas barreiras ilegítimas sempre tentando se interpor entre você e os seus direitos. Isso significa que você não reconhece que as mulheres são pessoas, e talvez isso venha não só de um inculcamento direto das pessoas e dos sistemas ao seu redor, mas também dos livros e filmes que você tem — e não tem — lido e visto. A arte é importante, e uma boa parte dela celebra o estupro como um triunfo da vontade (veja-se o livro *Sexual Politics* de Kate Millet, de 1970, que abrange alguns dos mesmos escritores homens presentes na lista da *Esquire*). Ela é sempre ideológica, e forma o mundo em que vivemos.

Os jornalistas investigativos T. Christian Miller e Ken Armstrong publicaram um longo artigo em dezembro de 2015, contando como um estuprador em série foi capturado pela polícia (e como uma das vítimas não só passou anos desacreditada, mas também foi coagida a dizer que mentira e, assim, foi processada por mentir). O estuprador disse aos policiais que "fantasias desviantes haviam se apoderado dele quando criança, desde que vira Jabba, o Hutt, escravizar e acorrentar a princesa Leia". Somos moldados pela cultura.

Mas "ler *Lolita* e 'se identificar' com um dos personagens é entender Nabokov totalmente errado", disse um dos meus instrutores voluntários. Achei engraçado e então postei no Facebook; aí veio um cara muito liberal e simpático me explicar que esse livro era, na verdade, uma alegoria — como se eu nunca tivesse pensado nisso. De fato é, e é também um romance sobre um velho que fica violentando uma menina frágil vezes e mais vezes. Então ela chora. E aí vem outro cara muito simpático e liberal que diz: "Você parece não entender a verdade básica da arte. Eu não ligaria se algum romance fosse sobre um bando de mulheres andando por aí castrando homens. Se fosse bem escrito, eu ia querer ler. Provavelmente mais de uma vez". Claro que não existe essa categoria temática em literatura, e se o cara tão simpático e liberal que fez essa afirmação tivesse recebido livros e mais livros cheios de cenas de castração, talvez até celebrando a castração, quem sabe isso não teria um impacto sobre ele.

Apresso-me em acrescentar que não me sinto insultada por esses caras a essa altura da minha vida, e não sinto pena de mim mesma. Só fico boquiaberta com as asneiras que soltam; é como se eu trabalhasse num laboratório e eles ficassem aparecendo o tempo todo com espécimes fantásticos. Pelo visto, alguns ficaram tão irritados que ninguém menos que Marlon James, o ganhador do Booker Prizer deste ano, veio dizer: "Liberais: não vou deter o inevitável avanço de vocês para neoliberais e, no fim, para neoconservadores, então vamos fazer isso rápido. Parece que alguns de vocês estão com problemas com o novo artigo da Rebecca Solnit. Uma coisa é censura, outra coisa é questionar a maneira de alguém faturar com o seu trabalho. Não são a mesma coisa".

Embora agradecida a James por dar uma chamada no pessoal, eu nem estava questionando o enriquecimento de ninguém. Fiz apenas uns comentários bem-humorados sobre alguns livros e personagens de alguns autores mortos num artigo que também elogiava e enaltecia escritores homens (na verdade, o artigo elogiava e malhava mais ou menos o mesmo número de homens; então dá para considerar como empate). Esses caras ficaram visivelmente irritados e convictos de que a minha voz e as minhas opiniões ameaçavam os direitos de outras pessoas. Gente, censura é quando as autoridades reprimem uma obra de arte, não quando alguém não gosta dela.

Nunca falei que não devíamos ler *Lolita*. Li e reli o livro. Brinquei que devia haver uma lista de livros que nenhuma mulher devia ler porque há um monte de livros incensados que são bastante sórdidos em relação ao meu gênero, mas também falei: "Embora, claro, eu ache que todo mundo deva ler o que quiser. Só acho que alguns livros são manuais de instruções explicando os motivos pelos quais as mulheres não passam de escória ou mal existem, a não ser como acessórios, ou por que são intrinsecamente pérfidas e vazias". E aí fiquei me divertindo em soltar umas opiniões sobre livros e autores. Mas sobre uma coisa falei a sério: lemos muitas coisas em que pessoas como nós são descartáveis ou são escória, ou ficam em silêncio, são ausentes ou indignas, e isso influi em nós. Porque a arte cria o mundo, porque ela importa, porque ela nos cria. Ou nos destrói.

BEBER DEMAIS PODE TRAZER MUITOS RISCOS PARA AS MULHERES

Para qualquer grávida e bebê
- aborto espontâneo
- criança natimorta
- parto prematuro
- síndrome alcoólica fetal
- síndrome da morte súbita infantil

Para qualquer mulher
- ferimentos/violência
- doença cardíaca
- câncer
- doenças sexualmente transmissíveis
- problemas de fertilidade
- gravidez indesejada

Para as mulheres, beber demais significa:

GRÁVIDAS

qualquer consumo alcoólico
por mulheres que estão ou podem estar grávidas

NÃO GRÁVIDAS

8 ou mais doses
por semana (mais do que a média de uma dose por dia)

bebedeira
(4 ou mais doses em 2-3 horas)

qualquer consumo alcoólico
para menores de 21 anos

Médicos, enfermeiras ou outros profissionais da saúde devem examinar todos os pacientes adultos, inclusive mulheres grávidas, e fazer recomendações aos que bebem demais. Os atendentes podem ajudar as mulheres a evitar o excesso de álcool, inclusive o consumo de álcool durante a gravidez, em 5 passos.

1 **Avalie o consumo de bebidas de uma mulher.**
- Use um exame reconhecido (p. ex., um Teste de Identificação de Problemas Relacionados ao Uso de Álcool, AUDIT [US]*).
- Dedique 6-15 minutos para explicar os resultados e dê aconselhamento às mulheres que estão bebendo demais.
- Recomende que ela se abstenha totalmente de beber se estiver ou puder estar grávida.
- Proponha um plano juntos.

"O melhor conselho é parar de consumir álcool quando você começa a tentar engravidar."

2 **Recomende métodos contraceptivos se uma mulher estiver tendo sexo (se apropriado) sem pretender engravidar e esteja consumindo álcool.**
- Repasse os riscos de engravidar e a importância do uso de métodos contraceptivos.
- Apresente e explique todos os métodos disponíveis.
- Incentive-a a usar sempre preservativos para diminuir o risco de doenças sexualmente transmissíveis.

3 **Se a mulher está tentando engravidar e não usa contraceptivos no sexo, recomende que pare de beber.**
- Exponha as razões para interromper o consumo de álcool antes que a mulher descubra que está grávida.

4 **Se a mulher não conseguir parar de beber sozinha, encaminhe-a a outros serviços de atendimento.**
- Forneça informações sobre programas locais ou consulte o localizador de tratamentos da SAMHSA. www.findtreatment.samhsa.gov
- Avalie encaminhar a tratamento ou recomende Alcoólicos Anônimos. www.aa.org

5 **Dê acompanhamento anual ou com maior frequência, se necessário.**
- Marque uma data para nova consulta.
- Continue com o apoio no acompanhamento.

---

* Aprenda a fazer exames de identificação da presença de álcool e modos de aconselhamento em <www.cdc.gov/ncbddd/fasd/alcohol-screening.html>.

O caso do agressor desaparecido
(2016)

Num romance de detetive, começamos num estado de ignorância e vamos avançando para o conhecimento, a cada pista. As pequenas pistas se juntam por fim numa revelação que põe ordem no mundo e se faz justiça ou, pelo menos, oferece a satisfação de um mundo posto às claras no final. Se a literatura detetivesca é a literatura da desilusão, há, por outro lado, uma literatura da ilusão que quer iludir e despistar em vez de esclarecer.

Um ótimo exemplo recente é o novo guia com orientações sobre o consumo de álcool, alvo de grande zombaria. É como uma história de detetive de trás para a frente — se a gente lê acreditando naquilo, fica difícil entender o que é uma mulher, como ocorre a violência, como ela engravida e quem está envolvido nessas coisas. Se a gente lê com mais cuidado, dá para entender por que a voz passiva tantas vezes serve para acobertar e o sujeito elíptico numa frase cheia de circunlóquios costuma ser a parte culpada.

O que é uma mulher? Segundo o CDC [Centro de Prevenção e Controle de Doenças], todas as mulheres correm o risco de engravidar. "Beber demais pode trazer muitos riscos para as mulheres", diz o folheto, especificando-os para "qualquer mulher". A lista é encabeçada por "agressões/violência" e na rabeira fica "gravidez indesejada". "Beber demais pode trazer muitos riscos para as mulheres", inclusive "qualquer consumo alcoólico por mulheres que estão ou podem estar grávidas". Os médicos devem "recomendar que a mulher pare de beber se estiver tentando engravidar ou se não usar contraceptivos no sexo". Isso, em poucas e rápidas pinceladas, reduz todas as mulheres a fêmeas férteis em idade reprodutiva que tenham o que poderíamos chamar de exposição a homens férteis. Nega a existência de muitos outros tipos de mulheres e a igual responsabilidade de pelo menos um tipo de homem. Talvez negue a existência de homens, já que as mulheres aqui parecem engravidar em decorrência de se unirem ao álcool, não a rapazes.

Mulheres é uma categoria que abrange uma grande variedade de pessoas que escapam aos critérios do CDC. Muitas de nós já passamos da idade fértil e de todas as incertezas que acompanham essa fase. Mesmo que a gente dê umas escapadinhas com uns sommeliers bonitões nos grandes tonéis de Pinot Noir amadurecendo em Napa Valley, não vamos engravidar, querendo ou não. Muitas mulheres mais jovens são totalmente estéreis por uma ou outra razão, desde implantes anticoncepcionais de longo prazo e ligação das trompas até consequências de problemas de saúde e tratamentos médicos, além da loteria genética. Nem com fontes de mojitos jorrando do solo como gêiseres elas vão engravidar. Em terceiro lugar, uma população significativa de mulheres são lésbicas e/ou, quando bebem, ficam com outras mulheres e não com homens, ou não com homens férteis que fazem sexo sem proteção com mulheres. Nenhum rio de uísque terá qualquer efeito em engravidá-las. Por fim, mulheres trans geralmente não engravidam nem mesmo na presença de uma Catarata do Niágara de prosecco, embora alguns homens trans tenham gerado filhos por querer, mas essa é outra história, e bem legal, muito mais legal do que a que temos de examinar aqui.

Pois a loucura mesmo é o seguinte: como mulheres (cis férteis) engravidam? Vamos voltar à educação sexual da sexta série: lembra aquela aula sobre a união entre o esperma e o óvulo? Enquanto examinávamos o novo infográfico do CDC, o que chamou muito a nossa atenção foi que ele evita mencionar como as mulheres engravidam. A gravidez ocorre quando certos subconjuntos de homens e de mulheres se juntam de determinadas maneiras. Sem homem, nada de gravidez. Se essa linguagem é forte demais para você, então digamos apenas que as mulheres engravidam quando um pouco de material genético masculino é introduzido por um órgão masculino (não dá para dizer que a gravidez obtida com os outros métodos de introdução do esperma ou de óvulos fecundados no útero foi sem querer). Ah, e devo acrescentar que esse órgão masculino costuma vir sempre ligado a um indivíduo do gênero masculino.

Uma mulher pode ser tão fértil quanto o Vale do Tigre nos tempos de Abraão, mas ela não vai engravidar na ausência de união com um homem portador do sêmen. Mas, se você acreditar no modo como a coisa é normalmente descrita, vai ficar achando que as mulheres engravidam sozinhas. É o que afirmam os conservadores quando desancam as mulheres por terem filhos "sem pai" ou por fazerem sexo por prazer. A narrativa contra o aborto gosta muito de falar de mulheres depravadas que fazem sexo só pela diversão e estão se lixando para as consequências; o fato de não poderem estar praticando o tal do sexo com risco de gravidez na ausência de um homem é o mais estranho de tudo, uma estranheza que fica encoberta por ser tão corrente.

Num período eleitoral de algum tempo atrás, o político Todd Akin declarou que o "estupro legítimo" não engravidava as mulheres. Disse que o corpo da mulher tinha formas de "fechar aquela coisa lá", como se o útero tivesse uma espécie de porta acionada por controle remoto. Olhando com atenção a insanidade dessa ideia, um aspecto que passou relativamente despercebido foi que o comentário dele se prestava a negar o direito de aborto até mesmo para vítimas de estupro. Nos atuais extremos a que chegam as posições e as medidas contra o aborto (como os casos das mulheres processadas na justiça por tentarem induzi-lo), as mulheres não têm nenhum valor em comparação aos fetos que carregam no ventre, ainda que cerca de metade desses fetos venham a ser mulheres que, por sua vez, serão consideradas sem nenhum valor em comparação à próxima potencial geração de fetos. As mulheres podem ser depósitos sem valor de depósitos sem valor de depósitos sem valor de coisas de valor, a saber, homens. Homens em embrião. Ou talvez as crianças tenham valor até se revelarem mulheres. Não sei. Para mim, é um mistério o que esse povo pensa.

Enquanto isso, os mecanismos da gravidez são evitados meticulosamente nessa narrativa de mistificação da reprodução. Primeiro, tem o que podemos chamar de mistério do homem desaparecido: ela elimina o homem da reprodução e absolve o pai daquilo que se chama "sem paternidade", como se a sua ausência da vida do filho ou da filha não tivesse nada a ver com ele. (Ah, é, tem as mulheres más que proíbem os caras legais de ter contato com os filhos, embora, por experiência pessoal, eu saiba de um número maior de casos de pais sumidos e de mães fugindo arrepiadas de medo.) Sério, sabemos por que os homens são excluídos desse tipo de narrativa: ela os absolve da responsabilidade pela gravidez, inclusive daquele tipo infeliz e acidental, e depois os absolve da produção daquele fenômeno pelo qual muitas coitadas têm sido malhadas há tanto tempo: os filhos sem pai. Os pais dos sem pai são legião.

Podemos imaginar um universo paralelo sem misoginia, em que os homens são avisados que carregam por aí esse troço perigoso que pode desencadear nove meses de gravidez numa mulher e a produção de outros seres humanos, e que eles são uns irresponsáveis, imorais e lhes falta alguma coisa — o que é mesmo que falta às mulheres? — quando saem enfiando aquele troço sem consentimento, sem planejamento nem preocupação com as consequências a longo prazo em gente que pode emprenhar. Não há muitas advertências nesse sentido, afora o alerta de que existem mulheres que usam a gravidez como cilada para prender o homem, o que muitas vezes é uma maneira de isentá-lo da responsabilidade, mas não isenta o esperma.

As recomendações às mulheres sobre o vírus Zika são parecidas com aquelas diretrizes sobre o consumo de álcool entre as mulheres: a responsabilidade em evitar a gravidez diante de uma doença que causa problemas no feto tem sido imputada exclusivamente às mulheres, mesmo em países como El Salvador, onde o aborto é ilegal em qualquer circunstância, os métodos anticoncepcionais não são de fácil acesso e as mulheres (como praticamente em qualquer lugar) nem sempre têm como recusar o sexo. Dezessete mulheres acusadas de abortar (em El Salvador não se faz distinção entre aborto espontâneo e aborto deliberado) estão presas por homicídio. Não fica muito claro a quem pertence o corpo da mulher nessa concepção, mas é evidente que não é a ela. O Brasil passou a recomendar aos homens o uso de camisinha durante o sexo com grávidas (mas não com mulheres com risco de ser fecundadas).

Nessa mistificação da reprodução prolifera o sumiço dos homens e do acesso a recursos. Com esse destaque que o CDC dá à gravidez não intencional nos Estados Unidos, a questão que surge é se um melhor acesso aos direitos reprodutivos, à educação e à assistência médica não contribuiria mais para reduzir as gravidezes indesejadas do que a declaração de que todas as mulheres em idade reprodutiva sem anticoncepcionais não devem consumir álcool (determinação esta, aliás, que ignora o índice de mulheres que usam métodos anticoncepcionais e mesmo assim engravidam sem querer).

Eu gostaria que essa campanha que diz às mulheres que o álcool é perigoso fosse a manifestação de um país que ama tanto os bebês que eliminou totalmente a contaminação por chumbo, de New Orleans a Baltimore e a Flint, a água horrível de Iowa, contaminada de nitrato, os pesticidas cancerígenos e a relação entre os alimentos industrializados cheios de açúcares e a diabetes juvenil, e garante plenamente o acesso à assistência à saúde, a creches e a alimentos sadios e adequados. Mas não é. É apenas ódio às mulheres. O ódio às mulheres exige narrativas que desapareçem com os homens e convertem as mulheres em seres mágicos, gerando bebês apenas com o ar e costumes dissolutos. É uma narrativa interessante pelo poder que confere às mulheres, mas eu preferiria uma narrativa mais exata. E talvez uma mais abrangente, que falasse sobre todos os fatores ecológicos e econômicos que afetam o bem-estar das crianças. Mas aí a culpa é nossa, não deles.

A linguagem é importante. Brigamos muito sobre a linguagem a respeito do estupro, para que as pessoas parassem de culpar as vítimas. A frase que resume a questão é a seguinte: a causa do estupro é o estuprador. Não as roupas que as mulheres usam, nem o que elas consomem, nem os lugares aonde vão nem nada disso, pois, quando você acha que o erro é delas, entra em mais uma daquelas nossas histórias de detetive às avessas, ou em mais um capítulo do mistério do protagonista sumido. O estupro é uma ação deliberada: o agente é um estuprador. E no entanto você bem que poderia achar que as moças, sobretudo nos campi universitários, estavam estuprando a si mesmas, tão ubíqua é a ausência dos rapazes nos campi nessas narrativas mistificadoras. Os homens se convertem numa espécie de condição climática, uma força natural ambiente, uma inevitabilidade impossível de controlar ou de responsabilizar. Os homens como indivíduos somem nessa narrativa, e o estupro, a agressão sexual, a gravidez viram meras condições climáticas às quais as mulheres têm de se adaptar. Se essas coisas acontecem com elas, a falha é delas.

Temos montes de histórias assim neste país, histórias nas quais você só acreditaria se fosse muito burro. Histórias que não são exposições, e sim encobrimentos de coisas como as causas da pobreza e as consequências do racismo. Histórias que dissociam causa e efeito e deixam o sentido de lado. O CDC amplia a ausência dos agressores nos crimes dizendo às mulheres, no folheto simples verde e alaranjado sobre as razões de evitar o consumo de álcool, que beber demais traz riscos de "ferimentos/violência". Bom, cair e quebrar alguma coisa é um risco que se corre quando se está bêbado feito um gambá, mas, como aqui os ferimentos vêm acoplados com a violência, e como um tropeção numa cadeira geralmente não é tido como violência, fica claro que o significado é: você pode ser ferida e machucada por alguém. Num mundo não insano e numa narrativa gramaticalmente coerente, a violência tem uma causa, e essa causa tem consciência e capacidade de ação: há de ser outro ente vivo. Este ente não pode ser o álcool, já que o álcool não tem consciência nem capacidade de agir. Uma árvore que cai em cima da gente não é violenta, embora você possa responsabilizar o dono do imóvel se o teto da casa onde você mora cair na sua cabeça por falta de manutenção.

Você bebe, você fica ferida, mas não se pode mencionar quem feriu você. É como se na sala só houvesse mulheres e álcool. Mesmo quando esse alguém é a pessoa a quem se dirige a mensagem: as orientações do CDC voltadas para os homens, dizendo que eles também devem controlar o consumo de álcool, dizem que "O consumo excessivo de álcool está comumente presente na agressão sexual". É como se existisse uma pessoa chamada "uso excessivo de álcool" ou, melhor, Uso Excessivo de Álcool, que traz o monograma UEA bordado na camisa ou gravado na garrafinha de bolso. Todas nós conhecemos o UEA. Envolve-se com frequência em agressões sexuais. Mas aí está a questão: ele nunca age sozinho. Acontece que o CDC dá mil voltas para não precisar dizer "vocês", "homens", "bêbados" ou "agressores". O CDC parece menos preocupado que uma pessoa saia ferida, no sentido de espancada ou estuprada, do que vir a ferir os sentimentos de alguém. Mas, em parte, as pessoas são feridas porque não queremos falar sobre quem causa os ferimentos.

Nessa lista, O Uso Excessivo de Álcool tem um irmão chamado Consumo Excessivo de Álcool, que também é uma encrenca: "O consumo excessivo de álcool aumenta a agressão e, em decorrência disso, pode aumentar o risco de atacar fisicamente outra pessoa". O CEA também parece agir sozinho nessa narrativa, que é uma frase em busca de um sujeito. Agressão de quem? Quem atacará? O CDC bem que podia ir logo ao ponto e lançar advertências sobre os homens. Afinal, os homens são a principal origem da violência contra mulheres (e, aliás, a principal origem da violência contra homens também). Imagine como ficaria! "O uso de um homem pode resultar em gravidez ou ferimentos; homens devem ser usados com cautela. Avalie cuidadosamente os riscos potenciais de cada homem. Tenha cuidado em usar homens com álcool." Será que deviam vir com rótulo e advertência no rótulo? Mas isso também iria exonerá-los da responsabilidade pelos seus atos, e creio que seria bem melhor um mundo em que não se praticasse tanto essa exoneração. A violência doméstica é a causa principal de ferimentos a mulheres entre quinze e 44 anos nos Estados Unidos.

O raciocínio do tipo "ela me obrigou a fazer isso" é uma causa secundária; muitas vezes, o verbo passivo e a violência ativa andam juntos. Um policial, durante seu julgamento em San Francisco por ter matado um homem desarmado que não trazia nenhuma ameaça, disse: "Foi trágico. Mas infelizmente fui forçado", embora a única coisa a forçá-lo tenha sido seu erro de avaliação. A advogada Georgia Black, defensora de vítimas por mais de vinte anos, comentou comigo: "Nem sei dizer a quantas condenações ou audiências de condicional assisti em que o agressor se refere à 'coisa horrível que aconteceu'. Mesmo as cartas de desculpas à vítima ou à família da vítima declaram 'Lamento o que lhe aconteceu'". É como se a simplicidade da equação *eu + ação = consequência* fosse um problema de matemática que não conseguem resolver, uma sequência que não conseguem encarar; a saída é a linguagem, uma linguagem frouxa, uma linguagem vaga. É, acontece.

Nos santuários das reservas naturais da literatura, estudamos as espécies de linguagem, os padrões de voo das palavras individuais, o comportamento de rebanho das palavras agrupadas, e aprendemos o que a linguagem faz e por que ela tem importância. É um ótimo treinamento para sairmos no mundo e observarmos toda a linguagem profana das declarações políticas, das manchetes dos jornais e das orientações do CDC, e vermos o que ela faz com o mundo ou, neste caso, a confusão que arma no mundo. A mais legítima e excelsa finalidade da linguagem é dar clareza às coisas e nos ajudar a enxergar; quando se usam as palavras para o contrário disso, já sabemos que tem alguma encrenca e talvez seja um acobertamento.

O trabalho de detetive e os hábitos de percepção que ele desenvolve podem nos impedir de acreditar em mentiras e às vezes, quando a mentira também é um álibi, mostram-nos quem está sendo protegido. O CDC tem razão em advertir sobre os perigos do abuso do álcool, mesmo que não o faça de uma boa maneira. Eu, pelo meu lado, tento advertir sobre o uso errôneo da linguagem. Todos somos detetives da linguagem e, com atenção suficiente, podemos perceber o significado das declarações, mesmo quando elas não os querem dizer, e até podemos saber quando as histórias estão mentindo para nós. Muitas mentem.

Giantess
(2016)

O radical é imaginado como marginal com tanta frequência que às vezes algo verdadeiramente subversivo passa despercebido, só porque aparece de smoking em vez de camiseta ou máscara de esqui. Tome-se o filme *Assim caminha a humanidade* [*Giant*], de 1956, dirigido por George Stevens. É um épico, uma saga, uma longa história familiar, uma síntese histórica da transição econômica do Texas, passando da pecuária para o petróleo, um faroeste pós-faroeste, e também uma peça incendiária. Com três horas e pouco de duração, nele cabe de tudo, desde cenas de casamento a questões de raça, classe e gênero.

É estrelado por Elizabeth Taylor e três gays, Rock Hudson, James Dean e Sal Mineo, que se orbitam um pouco constrangidos um do outro, de um jeito que apenas em parte tem a ver com seus respectivos papéis no filme. Percebi isso na primeira vez em que assisti a *Giant*, quando passou em comemoração a seu trigésimo aniversário, no Castro Theatre em San Francisco. Frequentando aquele grande palácio dos sonhos de 1400 lugares desde a minha adolescência, aprendi com os suspiros, os gemidos e os risinhos dos gays que estavam lá no escuro do cinema a perceber os subtextos homoeróticos, a me deliciar com mulheres cheias de verve e a apreciar a breguice, a *bitchiness* e os clichês. *Giant* tinha tudo isso.

Enquanto muita gente do meu convívio decorava filmes cult como *The Rocky Horror Picture Show*, e no Castro ainda passam filmes com os quais as pessoas cantam junto, como *A pequena sereia* ou *A noviça rebelde*, agora sei recitar junto com Taylor algumas das suas melhores falas em *Giant*. Liz Taylor é aquela preciosidade absoluta, uma mulher que rompe as regras, triunfa, diverte-se, em vez de ser abandonada, derrotada ou acabar morrendo no final, como acontece com tantas mulheres rebeldes em tantos enredos patriarcais. Um ano antes de eu ver o filme pela primeira vez, Hudson tinha morrido de aids e Taylor começara a se erguer em defesa dos que sofriam daquela doença então incurável e horrivelmente estigmatizada. Com sua atitude franca e heroica como defensora e arrecadadora de fundos, ela ficava um pouco parecida com a heroína indômita que interpretara trinta anos antes.

Sempre que vejo uma mulher dessas na tela, fico empolgada da mesma forma como os homens que se identificam com o infindável sortimento hollywoodiano de heróis de ação devem ficar o tempo todo. Só de ver Jennifer Lawrence andando por uma rua do Texas como um pistoleiro clássico para enfrentar um inimigo no filme biográfico *Joy: O nome do sucesso*, de 2015, vibro como só me acontece uma vez por ano e olhe lá. A Katniss Everdeen interpretada por Jennifer é barra pesada, como uma série de heroínas de ação de Hong Kong e *La Femme Nikita*, muito tempo antes. Os vídeos recentes de Beyoncé também me dão um pouco dessa mesma empolgação, uma mulher que arrasa e não abaixa a cabeça. Garota invicta, mulher que age.

Na segunda vez em que vi *Giant* na tela enorme do Castro, em seu quadragésimo aniversário, levei a minha magnífica fonte pessoal de comentários em voz baixa, o artista performático Guillermo

Gómez-Peña. Quase desde o início, ele não parava de cochichar: "Rebecca, não *acredito* no que estou vendo". No começo do filme, a jovem debutante de Maryland, Leslie Lynnton, interpretada por uma Liz Taylor jovem, serena e radiante, ao mesmo tempo encanta e irrita o pecuarista do Texas Ocidental, interpretado por Rock Hudson: encanta por ser bonita e flertar, irrita por falar o que pensa. Acende-se o alerta do tema freudiano: ele foi comprar um garanhão — um cavalo negro reluzente que ela monta de uma maneira magnífica na cena de abertura — do pai de Leslie. Na manhã seguinte, Liz desce e diz a ele que passou a noite toda lendo sobre o Texas; ele está para se sentir lisonjeado quando ela comenta: "Realmente roubamos o Texas! Quero dizer, do México".

É uma cena discretamente insultuosa, com o belo mordomo negro com ar de embaraço no rosto, que recebe alguma atenção da câmera junto com Hudson se engasgando com a torrada. O filme, feito no ano posterior ao caso *Brown v. Conselho de Ensino* e o caso em paralelo, o pouco lembrado *Hernandez v. Texas*, trata da questão racial no Texas, um romance entre brancos e negros, embora não trate da questão política de ser negro no Sul. Não é uma polêmica perfeita, e recai no amplo gênero da justiça racial vista da perspectiva de um aliado branco, e não da população atingida, mas mesmo assim é extraordinário para um *blockbuster* filmado quando Martin Luther King estava terminando a faculdade e Rosa Parks ainda cedia seu lugar no ônibus.

Realmente roubamos o Texas. É uma coisa espantosa de se dizer, mesmo hoje, e, como observação que Elizabeth Taylor faz ao desjejum para um barão do gado apaixonado pela sua terra natal, é um assombro. Ainda é um bom lembrete. No ano em que Guillermo e eu vimos *Giant* completar quarenta anos no Castro — 1996 —, estávamos em plena fase de perseguir imigrantes na Califórnia, impulsionada por vários mitos sobre o impacto econômico que transferia o ônus de uma nova economia brutal dos seus donos e senhores para as classes mais desfavorecidas. Aquele ano também foi o aniversário de 150 anos do início da guerra dos Estados Unidos contra o México, que terminou dois anos depois com a tomada da metade setentrional do México, o rico território do Novo México até a Califórnia que, se tivesse permanecido nas mãos dos mexicanos, teria levado a uma geopolítica global totalmente diferente e, talvez, a ondas de ianques pobres atravessando clandestinamente a fronteira, em busca de trabalho na superpotência a sudoeste. (O Texas, claro, tinha sido roubado antes disso.) A amnésia é um componente importante da ideologia dos políticos que demonizam os imigrantes e a população latina, desde a Corrida do Ouro, até o governador Pete Wilson da Califórnia nos anos 1990 e o candidato presidencial republicano em 2016.

O personagem de Hudson, o pecuarista Jordan Benedict II, sobrevive à verdade saída dos lábios de uma bela mulher e, uma ou duas cenas depois, os pombinhos recém-casados seguem para o lar no vagão particular dele. Ela, que aparecera cavalgando pelos campos ondulantes e verdejantes do sudeste, fica chocada ao descobrir que está destinada a viver nos pastos ressequidos do árido Texas Ocidental. Mas ela se adapta ao ambiente. E também faz adaptações: começa se intrometendo no tratamento que é dado aos mexicanos na fazenda de meio milhão de acres, ao ver que não só estava numa região árida, mas também numa região de segregação. Lá, seu marido impera como Abraão na terra de Canaã. Grandes são os seus rebanhos, vastas são as suas terras. O filme, entre outras coisas, parece propor que a grande divisão nos Estados Unidos não é necessariamente a famosa configuração da Guerra Civil de Norte/Sul, e sim de Leste/Oeste, com diferenças de hábitos, costumes, histórias, ecologias e escala de tamanho. Fica claro que, para Leslie, encontrar gente falando espanhol e não inglês significa que ela está em outro país.

O cavalo que Liz/Leslie montava confiante naquela cena de

abertura foi junto com ela, e assim tem-se a sua identificação com o garanhão, o reprodutor, a força indomável — uma bela inversão da ideia de que o Leste ou a feminilidade significa uma inação etérea. Numa cena do começo, o marido e a cunhada insistem que ela é delicada demais para conseguir se manter no cavalo fogoso ou para acompanhar a recolha do gado sob o sol inclemente. Enviam-na no veículo conduzido pelo personagem de James Dean, um empregado de serviços gerais meio preguiçoso chamado Jett Rink, que se apaixona por ela, em parte porque ela o trata com um afável respeito (e em parte porque ela é a coisa mais linda que já se viu no mundo).

A cunhada rude, que vive e respira o ambiente rústico da fazenda, consegue a proeza de matar a si mesma e ao cavalo cravando-lhe fundo as esporas e tentando dominar o poder de uma criatura acostumada a montarias mais gentis. Ela quebra a perna, ele quebra o pescoço; ela expira num sofá, ele some sob a câmera estendido no chão. Mas o filme chega à cena da sua morte um pouco depois; antes disso, inicia-se um subenredo de ressurreição. Taylor faz Dean parar no conjunto de barracos onde moram os peões mexicanos da fazenda e encontra uma mulher com um bebê, ambos doentes. Quando o médico vai examinar a morte da cunhada, Leslie transgride a segregação do local dando ao médico algo mais útil para fazer — ir salvar a vida do bebê Angel Obregon (que, mais adiante no filme, quando já cresceu e se tornou um rapaz, é interpretado por Mineo).

É incrível: um filme em tecnicolor dos meados dos anos 1950, um tremendo sucesso, sobre questões de raça, classe e gênero de um ponto de vista radical, tendo como centro uma mulher indômita e carismática. Bom, é verdade que naquela época havia filmes ainda mais à esquerda. *O sal da terra*, também narrado da perspectiva de uma mulher forte, estreou em 1954, mas era um filme meticuloso sobre uma greve de mineiros no Novo México, em branco e preto, que foi proibido; *Giant*, com suas cores exuberantes, foi indicado para vários Oscar e ganhou o de melhor diretor, fez rios de dinheiro na bilheteria e teve ampla audiência no mundo. E é isso que gostaríamos que a propaganda e a advocacia fizessem; talvez *Giant* mostre que o prazer ajuda a chegar lá (e o orçamento também).

Levei outra década para perceber que *Giant* também é um filme sério sobre um casamento que é sólido, mas não fácil, entre duas pessoas que sobrevivem a profundas divergências com paciência e persistência. Chama-se *Giant* por causa da escala de tamanho das coisas no Texas, e Rock Hudson é um homenzarrão que avulta sobre todo o resto, mas bem que podia se chamar *Giantess*. A Leslie Benedict de Liz Taylor possui uma estatura moral e um destemor que obscurecem todos os demais: dá bronca em homens poderosos, auxilia pessoas que deveriam se manter como subalternos invisíveis, e, de modo geral, luta contra o poder. E também não perde muito, embora transija um pouco. O marido basicamente reage e tenta entender. Virginia Woolf comentou certa vez que Gilbert Imlay, amante de Mary Wollstonecraft, ao se envolver com a grande revolucionária feminista, queria pegar um peixinho de rio "e fisgou um golfinho, que o arrastou entre as águas até deixá-lo atordoado". O Jordan Benedict II de Rock Hudson fica várias vezes atordoado ao se ver casado com uma aguerrida militante pela justiça racial, de classe e de gênero, mas, ao contrário de Imlay, nunca se desprende do anzol.

É muito instrutivo ver Hudson absorver o impacto de uma relação — perceber que nem sempre se tem o que se quer, ou não saber o que fazer a seguir ou nem sempre concordar com a pessoa que se ama —, e ele trabalha bem, com emoções complexas lhe passando pelo rosto largo e liso como nuvens passando pela pradaria. "Você sabia que eu era uma garota orgulhosa e desagradável quando se casou comigo", diz-lhe Leslie numa manhã, depois de ter rompido mais algumas regras metendo-se numa conversa de política entre o marido e os seus parceiros, pessoal com influência política e que manipula as eleições das planícies texanas. Há muitos filmes falando de relacionamentos, casamentos, paixões e desilusões, mas não são muitos os que falam de um casamento atravessando anos. Eles brigam, fazem as pazes, toleram, se adaptam, procriam.

As obras de arte que nos acompanham ao longo das décadas são espelhos em que podemos nos enxergar, fontes nas quais podemos continuar bebendo. Elas nos lembram que o importante é não só o que nos trazem, mas também o que colocamos nelas, tornando-se registros das nossas mudanças pessoais. Se *Giant* é um filme diferente a cada década em que assisto a ele, talvez seja porque mudei, sou outra pessoa concentrada em outras coisas no mundo ao meu redor. Não que eu tenha renunciado às aulas cochichadas no escuro.

Quanto tempo leva para enxergar alguma coisa, para conhecer alguém? Se calcularmos em anos, vemos que pouco percebíamos no começo, mesmo quando achávamos que conhecíamos. Atravessamos a vida geralmente sem enxergar o que está em torno, sem conhecer quem nos rodeia, sem entender as forças em jogo, sem entender a nós mesmos. A menos que a gente persista, e talvez este seja um filme sobre a persistência. Quando assisti a *Giant* neste ano, no seu sexagésimo aniversário, já conhecia a trama do casamento, a força de Leslie Benedict continuava a ser um encanto e percebi nuances que não percebera antes.

Acontece com os nossos protagonistas a pior coisa que se pode imaginar: têm um filho que, adulto, é interpretado por Dennis Hopper. O personagem Jordan Benedict III é um rapaz ruivo nervoso, desajeitado, inconstante que, quando criança, tinha medo de cavalos e, adulto, quer ser médico, o que se torna com notável rapidez. Também se casa com uma enfermeira desmazelada, interpretada pela atriz mexicana Elsa Cárdenas, sem o conhecimento dos pais. Guillermo me disse, quando vimos o filme vinte anos atrás, que Cárdenas, artista de porte médio no seu país natal, era muito mais sensual do que a deixaram ser no filme, e, como em todos os personagens mexicanos de *Giant*, parecia que tinham passado nela uma "graxa marrom" para ficar mais morena do que era.

O personagem de Hopper nem de longe quer assumir o comando da fazenda de meio milhão de acres e uma das duas filhas do casal protagonista, embora adore a vida de fazenda, deixa o pai ainda mais triste ao lhe dizer que quer uma pequena área onde ela e o marido vaqueiro possam experimentar novos métodos científicos. Na cena em que o personagem de Hudson percebe que teve filhos, mas não herdeiros nem continuadores da dinastia, no pano de fundo está Angel Obregon, interpretado por Mineo, que poucas cenas antes fora considerado o melhor homem dali. Foi a primeira vez que notei isso e percebi que, assim, o filme dava a entender que o personagem de Hudson, se ao menos conseguisse vencer o seu racismo, tinha ali um verdadeiro herdeiro, o homem que Taylor, anos antes, salvara da morte. Mas, em vez disso, Angel passa batido, sem reconhecimento, e volta da Segunda Guerra Mundial num caixão. O que ele tinha de promissor, como no caso de tantos outros, foi desperdiçado.

O filme também pode ser visto como uma saga sobre a transição econômica, passando da pecuária para o petróleo, e Jett Rink passa de peão relaxado a magnata quando começa a jorrar combustível fóssil no seu pequeno sítio. Mas é também, pelo menos em igual medida, uma saga sobre a transição de uma época amplamente marcada pela segregação e pela discriminação para uma incipiente era dos direitos civis, e Cárdenas, como noiva de Hopper e nora de Hudson, encarna o ímpeto das batalhas que acabam por envolver o sogro na parte final do filme. No novo hotel de Rink, as cabeleireiras se recusam a atendê-la; depois, quando ela, o filho, o marido e os sogros param na volta para jantar, o chef insulta a jovem. Um trio mexicano visivelmente humilde (os atores pareciam uns capangas de Pancho Villa) é expulso do estabelecimento. Hudson, depois de décadas de enredo e horas de filme, finalmente se ergue à altura da ocasião e dá um soco no chef grandalhão, que lhe devolve um soco ainda mais forte. Hudson perde a briga e ganha a admiração de Liz/Leslie ao se tornar na marra um ativista dos direitos civis, um rebelde com causa.

Dessa vez, percebi que o filme, devagar e sutilmente, negava ao patriarca toda e qualquer forma de poder patriarcal: a esposa não o obedece e muitas vezes não o respeita; os filhos não aceitam os projetos que o pai lhes traça, em especial o filho que não quis assumir a herança da fazenda e se casa com uma mexicana ou *chicana* (ou *tejana*, uma texana nativa de origem mexicana; o filme não traça muito claramente essas distinções). A própria pecuária deixa de ser a grande atividade central que define o Texas; foi superada pelo petróleo, que muda tudo. Jordan Benedict II, um dos maiores criadores de gado do Texas, viu-se privado de todas as formas de poder que mais lhe importam, diz-nos o filme, e para ele, depois de superar o fato, fica tudo bem, sem problema, como para os outros. É uma mudança não só de gado para petróleo, mas do patriarcado para algum tipo de redefinição aberta e negociada de todas as coisas, a nossa controvertida era contemporânea.

Uma das coisas espantosas que percebi, assistindo ao filme nessa última vez, foi que ele trata de um homem descobrindo que não tinha controle sobre coisa alguma e não se faz de Jó e nem vem com queixumes. Não é que ele imaginasse que controlava as coisas e acha uma tristeza quando vê que não consegue. Nem que os reis não possam ser depostos. O filme afirma o contrário: o rei caiu — como cai literalmente na cena do jantar — e está tudo bem. É por isso que o filme é radical.

Quem dera os homens brancos em geral se comportassem tão bem diante das mudanças como Jordan Benedict II no final do filme. Para mim, *Giant* sempre tinha sido sobre o personagem monumental de Liz Taylor, mas talvez seja um anti-*Bildungsroman* sobre a chegada da meia-idade e o abandono das ilusões, inclusive a ilusão de controle. O filho insubordinado, Jordan Benedict III, trouxe-lhe um neto que dá continuidade ao nome da família, Jordan Benedict IV, um menino moreno de grandes olhos castanhos que — finalmente percebi — encerram a cena final do filme. Este, diz *Giant*, é o futuro; acostume-se a isso.

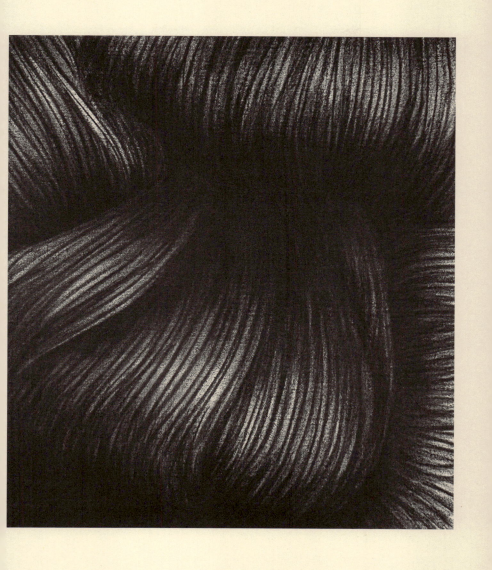

Agradecimentos e créditos dos textos

Há uma guerra contra as mulheres, como vi sendo criada numa casa cheia de violência masculina, e achava que estaria a salvo se e quando saísse de lá, o que fiz muito jovem, apenas para descobrir que agora eram desconhecidos na rua que me ameaçavam. Como escrevi em *Wanderlust* (2000):

> A descoberta mais devastadora da minha vida foi que eu não tinha nenhum direito real à vida, à liberdade e à busca da felicidade fora de casa, que o mundo estava cheio de desconhecidos que pareciam me odiar e queriam me fazer mal só por causa do meu gênero, que o sexo se convertia prontamente em violência e que quase ninguém considerava o fato como um assunto público, e não um problema privado.

Tentei convertê-lo numa questão pública.

Essa guerra está tão imiscuída na nossa cultura que desperta pouca indignação e ainda menos atenção; fatos isolados se tornam notícia, mas o padrão geral é muito frequente para ser notícia. Venho tentando chamar a atenção para ele descrevendo alguns dos seus impactos, enumerando-os em frases como esta, sobre a violência doméstica: "é a causa número um de agressões em mulheres americanas; entre os 2 milhões de mulheres agredidas anualmente, mais de meio milhão dessas agressões exigem cuidados médicos, enquanto cerca de 145 mil exigem um dia de internação hospitalar, segundo os Centros de Controle e Prevenção de Doenças", tentando entender o ódio, o medo e o sentimento de se achar no direito dos que estão por trás da violência, e mostrando que a violência é apenas a manifestação mais dramática de um sistema que desvaloriza, desumaniza e anula as mulheres. Pode ser um trabalho horrível, ler inúmeras transcrições de julgamentos judiciais, relatos de estupros e assassinatos, estatísticas sobre corpos espancados e vidas destroçadas — mas, como parte do projeto de mudar o mundo, vale a pena.

Minha gratidão ao movimento feminista como parte crítica e central das revoluções mais amplas para dar igualdade a todos sob a lei e, na nossa vida cotidiana, para garantir os direitos e o respeito por todos. Tenho idade suficiente para lembrar como o mundo era ruim antes que houvesse recurso contra a violência doméstica, o estupro por namorados e conhecidos e o assédio sexual no local de trabalho (parte integrante corriqueira na minha experiência de trabalho quando adolescente), idade suficiente para ter visto o mundo mudar graças a percepção, organização e intervenção. Sou grata às pessoas e aos coletivos que geraram um novo mundo, em que somos mais livres e mais iguais, grata por ter tido em anos recentes um pequeno papel nesse trabalho, que não terminará tão cedo. E tampouco recuaremos, por maior que seja a reação.

Agradeço às mulheres mais velhas que conheci, e foram as primeiras mulheres livres, insubmissas, poderosas na minha vida: as primas do meu pai Mary Solnit Clarke e June Solnit Sale, ativistas pelos direitos humanos desde os anos 1940 e integrantes fundamentais da grande organização Women Strike for Peace desde o seu início em 1961, de importância ainda não plenamente reconhecida; a Carry e Mary Dann, as matriarcas shoshones ocidentais a cuja luta pelos direitos à terra me somei em 1992, durante alguns anos de valoroso esforço e grande aventura no leste de Nevada; alguns anos depois, à escritora feminista Lucy Lippard; à grande Susan Griffin, e a muitas outras. Agradeço às jovens que estão injetando um novo vigor e uma nova visão no feminismo, inclusive muitas grandes escritoras como Jia Tolentino, Roxane Gay, Mona Eltahawy, Caroline Criado-Perez, Brittney Cooper, Rebecca Traister, Adrienne Maree Brown, Emma Sulkowicz e as mulheres de Black Lives Matter, e muitas jovens que tive a sorte de conhecer graças a esses textos. Agradeço às minhas colegas, em especial Astra Taylor e Marina Sitrin, feministas enérgicas, inteligências brilhantes e amigas queridas. Agradeço aos muitos homens que se tornaram feministas, e sou grata por agora entendermos que, assim como existem mulheres que servem ao patriarcado, existem homens e quaisquer outras pessoas que se rebelam contra ele; agradeço especialmente às vozes de muitos homens negros que entendem a opressão, onde quer que ela se manifeste: entre eles, Taj James, Elon James White, Teju Cole, Garnette Cadogan e Jarvis Masters. Agradeço aos homens gays que têm sido grandes amigos, aliados e fontes de percepção desde os meus treze anos de idade, grata por crescer numa cidade que é a capital mundial da libertação queer. Agradeço às mulheres da minha família educando crianças feministas.

Agradeço à inteligência e à dedicação de Anthony Arnove, editor da Haymarket, e ao belo trabalho editorial de Caroline Luft; ao genial design de Abby Weintraub, que colocou o título *Men Explain Things to Me* [Homens me explicam coisas] em palavras tão claras e destacadas que o livreto servia de cartaz e provocação, design que mantivemos em *Hope in the Dark* [Esperança no escuro] e neste volume, que completa uma trilogia que sempre foi sobre a esperança, e não só sobre a luta e a violência; e ao generoso trabalho de Rory Fanning, Jim Plank, Julie Fain e todos os integrantes da equipe da Haymarket; agradeço aos leitores que quiseram participar dessa conversa sobre gênero e poder; agradeço às livrarias independentes que mantêm os meus livros disponíveis aos leitores; sou grata que os livros ainda tenham um papel central na nossa vida, continuando a ser a maneira mais profunda de se relacionar com os pensamentos dos outros na tranquilidade e na solidão.

Agradeço especialmente a Christopher Beha, que me convidou para a coluna Easy Chair da *Harper's*, em que "A mãe de todas as perguntas", "Fuga do bairro de 5 milhões de anos" e "*Giantess*" foram inicialmente publicados; aos editores do *Guardian* que publicaram vários desses artigos, incluindo "Um ano de insurreição", "Um ano após sete mortes" e "O feliz caso recente da piada sobre estupros"; e a John Freeman e Jonny Diamond no Lithub, onde saíram inicialmente os ensaios "Oitenta livros que nenhuma mulher deveria ler", "Homens me explicam *Lolita*" e "O caso do agressor desaparecido".

Créditos das ilustrações

p. 173: American College of Obstetricians and Gynecologists
pp. 5, 23, 85, 133, 157 e 193: Arte de Paz de la Calzada. Cortesia da artista.

Paz de la Calzada (www.pazdelacalzada.com) é uma artista multidisciplinar residente em San Francisco. Seus desenhos e instalações ambientais criam labirintos complexos que oferecem uma trilha entre a esfera pública e um espaço contemplativo, ligando assim dois mundos muito isolados. As linhas intrincadas e os padrões repetitivos dos desenhos da série HairScape convivem e colaboram com a arquitetura ambiente, resgatando aspectos da beleza feminina. Paz criou projetos artísticos públicos de caráter temporário nos Estados Unidos, Índia, Creta e Espanha, envolvendo-se com as comunidades locais e inspirando-se nas suas histórias pessoais. Ilustrações: p. 5: carvão sobre tela, 46" × 40"; p. 23: carvão sobre tela, 56" × 54"; p. 85: carvão sobre tela, 24" × 26"; p. 133: carvão sobre papel, 30" × 22"; p. 157: carvão sobre papel, 30" × 22"; p. 193: carvão sobre tela, 20" × 18".

1ª EDIÇÃO [2017] 3 reimpressões

ESTA OBRA FOI COMPOSTA POR OSMANE GARCIA FILHO EM MINION
E IMPRESSA PELA LIS GRÁFICA EM OFSETE SOBRE PAPEL PÓLEN NATURAL
DA SUZANO S.A. PARA A EDITORA SCHWARCZ EM ABRIL DE 2023

A marca FSC® é a garantia de que a madeira utilizada na fabricação do papel deste livro provém de florestas que foram gerenciadas de maneira ambientalmente correta, socialmente justa e economicamente viável, além de outras fontes de origem controlada.